企業リスクを避ける 押さえておくべき IoTセキュリティ

荻野 司／伊藤 公祐／小野寺 正 [著]
一般社団法人 重要生活機器連携セキュリティ協議会 [編]

脅威・規制・技術を読み解く！

インプレス

◎ 商標について
・本書に登場するいろいろなシステム名や製品名、および団体名等は、一般にその開発元や団体における商標または登録商標です。
・本書では、本文中に ™ や ® マークを表記しておりませんが、各商標につきましてはこれを十分尊重いたしております。
・掲載した URL は、2018 年 11 月 22 日時点のものです。サイトの都合で変更されることがありますので、ご了承ください。
・本文中の換算レートは、執筆時点のものです。

はじめに

　本書は、情報通信技術（ICT）の進歩により急速に普及しつつあるIoT（Internet of Things）のセキュリティについて書いた本です。

　すでに攻撃や防御において、AI技術が応用されているなど、最新の脅威から代表的なトピックをピックアップしています。しかし、技術的な解説に偏らず、その脅威が与える社会的な影響やビジネスへの影響、そして個人への影響という異なる視点で、IoTセキュリティの脅威をピックアップしています。また「規制」の動向について、日本および海外の政府による取り組みを紹介し、拡がるIoTに向けた「ものづくり」や「サービス開発」に向けて必要な取り組みについて概説しています。

　近年では、コンピュータにしか存在しなかったマルウェアが車や家電に脅威を与えるばかりでなく、工場、電力、鉄道といった私たちの産業インフラにも脅威を与えています。また、企業が調達する多くのIT機器にもマルウェアが潜む可能性があります。つまり、通信やネットワークとは関係なかった企業においても、「つながる機器＝IoT機器」への脅威への対処が必要となっています。

　さらに、この影響はシステムダウンという物理的な障害だけでなく、個人情報流出というプライバシー問題にも波及しています。IT分野の国際標準化機関であるIEC/ISOでは、IoTセキュリティにおける標準化議論において、プライバシーも含んだ議論として進んでいるのです。また、日本では、電気通信事業法に基づく端末設備の技術適合要件に、セキュリティ要件を組み入れる検討が進められており、民間レベルでは、一般社団法人 重要生活機器連携セキュリティ協議会（CCDS）が、業種や業態の特性に沿ったセキュリティ要件をまとめた分野別ガイドラインの策定を進めています。企業や自治体がIT製品やIoT製品を調達する際に指標となるセキュリティ要件の検討も進んでいますが、分野横断的にインターネットにつながる機器において最低限守るべき共通要件について

も、業種や業態を越えた検討が始まっています。

　本書では、IoT機器・サービスを提供する企業の経営層やビジネスリーダの方々に知っていただきたい、日本や海外における政策やIoT機器やサービスを導入する際のポイントについてもまとめています。

　本書は、IoTシステムの開発に携わる方々はもちろんですが、ぜひ、経営層の方々や、IoT機器やサービスを導入する企業・組織のビジネスリーダーの方々にも読んでいただきたいと思います。

　本書を手に取った皆様が、IoTを取り巻く脅威や技術的動向、そして各国の規制の動向を正確に把握すること、さらに自社あるいは製品やサービスにおいて、IoTの利活用を考える際のセキュリティ施策のヒントとして本書を活用していただくことで、日本におけるIoT活用の活性化とそれによる社会的な課題の解決に貢献できることを、心より願っています。本書がIoT機器のセキュリティ確保に向けた、さらなる意識向上の一助となれば幸いです。

2018年11月

著者代表　荻野　司

● 著者プロフィール（敬称略）

荻野 司（おぎの つかさ）博士（工学）

一般社団法人 重要生活機器連携セキュリティ協議会　代表理事
キヤノン（株）中央研究所を経て、各種製品の研究・開発や ISP 事業に携わる。（株）ユビテック社長 (2003-2014) 時代には、IoT 製品・サービス事業化を推進。また、（社）日本ネットワークインフォメーションセンター IP 担当理事、IPv6 普及・高度化推進協議会常務理事を歴任。現在、ゼロワン研究所代表、情報セキュリティ大学大学院客員教授、京都大学宇宙総合学研究ユニット特任教授。

伊藤 公祐（いとう こうすけ）

一般社団法人 重要生活機器連携セキュリティ協議会　ストラテジックアドバイザ
1993 年キヤノン（株）入社、インターネットビジネス開発に従事。2005 年より（株）ユビテックにて SaaS 型省エネサービス事業および組込みセキュリティ調査に従事。情報処理推進機構（IPA）と IoT 時代を見据えて車や家電などの組込みセキュリティの啓発に尽力。2015 年 CCDS 設立に参画。専務理事兼事務局長として協議会を運営。2018 年より株式会社 JVC ケンウッド PSIRT リーダおよび現職。

小野寺 正（おのでら ただし）

一般社団法人 重要生活機器連携セキュリティ協議会　ストラテジックアドバイザ
システム開発・運用業務を経て、セキュリティコンサルティングに従事。主に中期計画策定、統括組織やセキュリティ監視体制の組成、対策実装の支援などに関与してきた。また、事業戦略、業務プロセス改革、IT 戦略の立案なども経験。2018 年より CCDS のストラテジックアドバイザーになる。

目次

はじめに iii
著者プロフィール v

プロローグ　セキュリティを取り巻く社会的背景と本書の構成

IoTセキュリティへの取り組みの検討は日本が世界の先駆けだった 2
データ主導社会への転換 3
本書で解説するIoTセキュリティの今とこれから 5
　1　今注目すべきIoTセキュリティトピック 5
　2　世界のIoTセキュリティ政策はどうなっているか 5
　3　セキュリティを確保するためのIoT機器への対策 7

第1章　今注目すべきIoTセキュリティトピック①：今そこにある脅威

1.1　IoTボットネットの現状 10
　1　史上最大規模のDDoS攻撃 11
　2　Miraiソースコードが公開され、亜種が登場 12
　3　Miraiの感染手法 17
　4　日本でも発生していたIoTボットネット 17
　5　今なお活動を続けているIoTボットネット 19

1.2　商業衛星のマルウェア感染 22
　1　宇宙産業の発展 23
　2　衛星のサイバー攻撃事例 25
　3　国家の関与が疑われるサイバー攻撃 32

第2章　今注目すべきIoTセキュリティトピック②：
訴訟やプライバシーにまつわる規制

2.1　脆弱なIoT機器に対する訴訟と社会的な批判 36
　1　米国連邦取引委員会（FTC）について 36
　2　IoTに対する米国FTCの取り組み 37
　3　米国FTC訴訟事例 39
　4　その他の社会的な批判に至った事例 43

2.2　IoT時代に求められるプライバシー管理 48
　1　ドイツで発生したIoT玩具の販売停止命令 50
　2　日本でも求められる利便性とプライバシー保護の両立 52
　3　Privacy by Design（プライバシー・バイ・デザイン）のポイント ... 57

第3章　今注目すべきIoTセキュリティトピック③：
AI技術の進化とセキュリティ応用

3.1　注目を集めるデータ分析へのAI活用 66
　1　IoT時代のデータ分析に関する課題 66
　2　AIの発展 67

3.2　セキュリティ分野へのAIの活用 72
　1　AIを利用したセキュリティ分野への適用検証 74
　2　遺伝的アルゴリズムを活用したファズデータの自動生成・テスト ... 75

3.3　AIを活用したサイバー攻撃も始まっている 78
　1　敵対的AIの存在 80
　2　オープンソースインテリジェンスを活用した脅威 80

第4章　世界のIoTセキュリティ政策はどうなっているか：
日米欧の最新動向

4.1　米国のIoTセキュリティ政策 84
　1　テロ対策としての重要インフラ防護とサイバーセキュリティ政策 ... 84

		2	NISTサイバーセキュリティフレームワーク	89
		3	医療セクターにおけるセキュリティへの取り組みの例	90
		4	IoTセキュリティにかかわる政策動向	94
	4.2	**EUのIoTセキュリティ対策**		**97**
		1	EUサイバーセキュリティ戦略とNIS指令	99
		2	NIS指令に続くIoTセキュリティ政策	103
		3	プライバシー保護のためのEU一般データ保護規則(GDPR)	107
	4.3	**日本のIoTセキュリティ政策**		**110**
		1	サイバーセキュリティ基本法およびサイバーセキュリティ戦略	110
		2	IoTセキュリティに関する政策	116

第5章　セキュリティを確保したIoT機器の開発：取り巻く現実と課題

5.1	**セキュリティはIoT実現における課題**		**120**
5.2	**IoT機器を取り巻く外部環境**		**122**
5.3	**IoT機器がもつ脆弱性**		**124**
	1	OWASPによる指摘	124
	2	Hewlett Packard社による調査	125
	3	CCDSの事例集	126
	4	IPAの情報セキュリティ10大脅威	128
5.4	**IoT機器のセキュリティ対策**		**130**
	1	Security by Design(セキュリティ・バイ・デザイン)とは?	131
	2	Security by Designを取り込むポイント	135

おわりに	145
索引	147
編者プロフィール	157

プロローグ

セキュリティを取り巻く社会的背景と本書の構成

ここでは、「データ主導社会」を迎えている現在の社会的背景と、データ主導社会を実現していくIoTサービスとセキュリティとの関係性について概観しています。そのうえで、本書が解説している内容と構成について示します。

セキュリティを取り巻く社会的背景と本書の構成

IoTセキュリティへの取り組みの検討は日本が世界の先駆けだった

　近年のIoTブームやセキュリティへの注目から、IoTセキュリティに関する多くの文献やガイドラインが発行されています。しかし、10年以上前はインターネットが生活のインフラになる途上で、日本が得意とする組込み機器も様々な形でつながり始めていたものの、つながる機器への脅威に対する認識はあいまいな状況でした。

　このような状況の中、著者も編集に参画した『組込みシステムの脅威と対策に関するセキュリティ技術マップの調査報告書』(情報処理推進機構から2007年5月に発行)は、IoTセキュリティに関する最初のまとまった報告書でした。その意味で、日本のIoTセキュリティへの取り組みは世界に比べて早かったといえます。

　報告書では、RFID（非接触型自動認識システム）、ICカード、情報家電、携帯電話、金融端末（ATM）、自動車搭載機器カーナビ、自動車搭載機器ETCの7分野の組込みシステムを調査対象として、各分野個別に保護すべき情報資産とその脅威や対策を洗い出し、製品のライフサイクルを考慮したうえで体系的に整理し、セキュリティ技術マップとして策定しています。特に「組込みシステムの高度化により、現在のパソコンが直面しているような脅威と類似した脅威への対策の検討と、組込みシステム間の相互接続や融合時におけるセキュリティ対策の検討の必要性が、それぞれ把握できました」と述べられており、まさにIoTセキュリティへの先駆けとなる検討でした。

データ主導社会への転換

　総務省が発行した平成29年度情報通信白書によれば、2016年時点でインターネットにつながっているIoT機器は173億個に達しており、2015年時点と比べると12.8％も増加しました。2020年までには1年間で平均して約15.0％の増加率が維持されると予想され、2020年には約300億個まで増加すると見込まれています。先に述べた7分野以外においても、"つながる機器"はさらに増え続けています。

　一方、IoT機器がインターネットを含むネットワークにつながることから、デジタル化された情報も爆発的に増えています。IDC社の調査によると、2013年時点のデジタルユニバース（地球上に存在するデジタルデータの総量）は4.4ゼタバイト[注1]でしたが、2020年には44ゼタバイトに増えると予測[注2]しています。そして2017年の調査[注3]では、2025年時点には160ゼタバイトまで増加すると予測しており、さらにデジタルユニバースは拡張していくことが考えられます。

　IoT機器から得られるデータを活用することで、従来は実現できなかったソリューションが創出され、それらの進展によって社会問題の解決にも期待が寄せられています。例えば、宅内のスマート家電やセンサー情報と、車や人の情報とが連携することで、見守りサービスや在宅医療・遠隔医療の高度化、渋滞の緩和等が期待されます。また、天候情報と農業とのデータ連携によって、作物の安定供給や収穫量の増大等も期待されます。このようにデータ活用によって各種の社会問題への解決が期待

注1　データ量の単位。1バイトは8ビットで、1キロバイトは10^3。ゼタバイトとなると10^{21}になる。
注2　出所：「The DIGITAL UNIVERSE of OPPORTUNITIES」（IDC）　https://www.emc.com/collateral/analyst-reports/idc-digital-universe-2014.pdf
注3　出所：「Data Age 2025」（IDC）　https://www.seagate.com/www-content/our-story/trends/files/Seagate-WP-DataAge2025-March-2017.pdf

セキュリティを取り巻く社会的背景と本書の構成

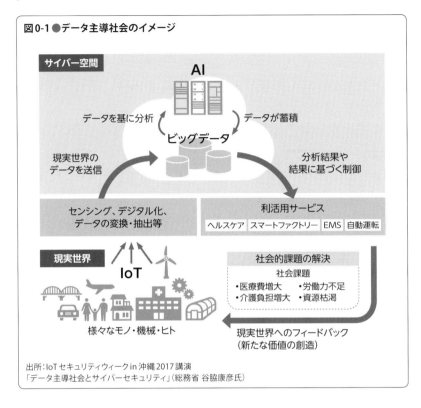

図0-1 ● データ主導社会のイメージ

出所：IoTセキュリティウィークin沖縄2017講演
「データ主導社会とサイバーセキュリティ」(総務省 谷脇康彦氏)

される社会の姿を、総務省では「データ主導社会」と定義しています（図0-1）。

　通信機能をもたずに独立して稼働していた機器と異なり、インターネットにつながるIoT機器は、常時、マルウェア（悪意のあるソフトウェアあるいはコード）感染やハッキングなどのセキュリティ脅威にさらされ、誤作動や停止などの異常な動作によって、身体や生命、財産にまでも被害が及ぶリスクがあります。前述した報告書で述べられている「組込みシステム間の相互接続や融合時におけるセキュリティ対策の検討の必要性」が、まさに重要となってきているのです。

　データ主導社会を実現するIoTサービスは、様々なIoT機器が連携したシステムとして捉えることができます。またIoTサービスは、クラウ

ドサーバとスマートフォンによってサービス提供されている形態も増えており、IoT機器とクラウドサーバやスマートフォンとの連携も考える必要もあります。つまり、IoT機器単体のセキュリティに加えて、IoTシステムとしてのセキュリティ対策の必要性も高まっているというわけです。

本書で解説するIoTセキュリティの今とこれから

セキュリティの問題と連動して、社会や企業、個人には大きな変化が起こっています。サイバーセキュリティに関する情報は世の中に数多くありますが、本書では最低限マスターしておいてほしい内容として焦点を絞って、解説しています。

1　今注目すべきIoTセキュリティトピック

第1章から第3章では「今注目すべきIoTセキュリティトピック」として、「脅威トピック」「規制トピック」「技術トピック」の3分野について、それぞれ象徴的なものを選んで解説しています。

年々増加する脆弱性を突く脅威事例を俯瞰することは重要です。脅威事例は、その時代におけるハッキング手法を象徴するのと同時に、将来におけるハッキング動向にもつながります。今何が起きているのかを把握することで、将来の予測や備えにも役立つと考えます。

2　世界のIoTセキュリティ政策はどうなっているか

第4章では、IoTセキュリティ確保に向けて米国やEUが政策として進めている取り組みについて概説し、さらに日本で進められているIoT関

連の政策を紹介しています。例えば、国防や医療セクターの取り組み例を紹介し、セキュリティ対策が様々な分野に大きな影響を及ぼしていることを紹介しています。また、認証スキームにおける海外の取り組みや、プライバシー保護への取り組みを紹介することで、セキュリティ政策がビジネスや私たちの生活に密接に関係していることを紹介します。

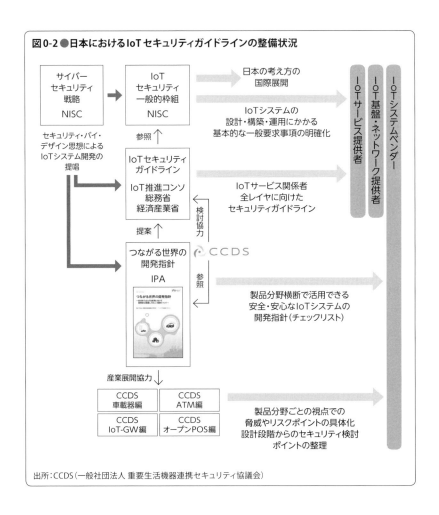

図0-2 ●日本におけるIoTセキュリティガイドラインの整備状況

出所：CCDS（一般社団法人 重要生活機器連携セキュリティ協議会）

3　セキュリティを確保するためのIoT機器への対策

　第5章では、近年のIoT化に伴うセキュリティについて概括します。ネットワーク化によって見過ごせなくなってきたセキュリティの脅威について、そして、それに対する基本的な対策について紹介しています。

　IoTセキュリティにおいては、国の「サイバーセキュリティ戦略」において言及され、内閣サイバーセキュリティセンター（NISC）が「IoTセキュリティの一般的枠組」、IoT推進コンソーシアムが「IoTセキュリティガイドライン」、独立行政法人情報処理推進機構（IPA）が、主に組込みシステムの開発者を対象とした「つながる世界の開発指針」をそれぞれ発行しています。図0-2は、一般社団法人 重要生活機器連携セキュリティ協議会（CCDS）が取りまとめた、分野別ガイドラインの位置づけです。

　本章では、各ガイドラインを詳細に解説するのではなく、それに至る背景や外部環境を紹介し、IoT機器やサービスで実施すべき「Security by Design」（セキュリティ・バイ・デザイン）についての考え方や取り込むポイントについて述べることに留め、各ガイドラインを読むための基礎的な知識となるようにしています。

第1章

今注目すべき
IoTセキュリティトピック①：
今そこにある脅威

IoTの"今"を把握することで、将来に起こりうる展望についても推し量ることが可能になります。第1章では、国内外で発生しているIoTボットネットの事例とともに、国家関与の疑いや商業衛星にまで及んでいるサイバー攻撃の脅威の現状について紹介します。

今注目すべきIoTセキュリティトピック①：いまそこにある脅威

1.1 IoTボットネットの現状

　皆さんは、自宅で利用しているブロードバンドルータの管理画面にアクセスするパスワードを変更したことがありますか。また、ブロードバンドルータのファームウェア（機器に組み込まれたソフトウェア）についてはいかがでしょう、更新したことがありますか。

　PCの場合、ウィルス対策ソフトウェアをインストールすることが常識になっており、またインターネットにつながっていれば、自動更新機能によりウィルス定義ファイルが常に最新の状態に保たれ、既知のウィルスに感染するリスクが低減されています。OSのセキュリティパッチ（問題箇所だけを書き換えたり追加するプログラムファイル）もひと昔前と異なり、基本的にはOSの機能で最新のパッチを自動的に適用するようになっています。

　一方、IoT（Internet of Things、ネットにつながる機器）機器においては、ファームウェアの自動更新機能がなく、また画面にも通知されないことがほとんどです。IoT機器を工場から出荷し、利用者が購入して電源を入れ、初期設定をした時点で、すでに脆弱性を抱えている可能性もあれば、数年の利用期間中に新たな脆弱性が発見されることもあります。本来なら、脆弱性があることが通知されなくても、主体的にファームウェアの更新版が提供されているかどうか、利用者が定期的にチェックすることが望ましいといえるでしょう。しかし、製造者のWebサイトにアクセスする、または管理画面のメニューで更新版をチェックする、という手間をいとわない利用者はまだ少数派かもしれません。管理責任のある組織または利用者が適切に管理しなければ、放置されることになります。

　その結果、どのようなことが生じるのでしょうか。ここではIoT機器の脆弱性につけこみ、「Mirai」（ミライ）と呼ばれるマルウェア（コンピュー

タウィルス等の悪意のあるプログラムの総称）が大規模なボットネット、つまり悪意のある攻撃者が構築し遠隔操作されてしまっているコンピュータ群を形成して、記録的なDDoS (Distributed Denial of Service、分散型サービス停止) 攻撃を行った事例について紹介します。

1 史上最大規模のDDoS攻撃

2016年9月20日、米国のサイバーセキュリティジャーナリストBrian Krebs氏が運営するWebサイト「Krebs on Security」が、約620Gbps（620ギガビット／秒）[注1]にもおよぶ大規模DDoS攻撃によりダウンしました。当サイトは、セキュリティ会社が無償のDDoS攻撃対策サービスを使用して対応していましたが、無償のサービスではDDoS攻撃の規模が大きすぎるために防御しきれなかったのです[注2]。

このDDoS攻撃は、「Mirai」と呼ばれるマルウェアに感染したネットワークカメラやDVR（デジタルビデオレコーダー）、ルータ等がボットネットを形成し、攻撃者の指令に従い一斉にターゲットに不正な通信パケットを送りつけるというものでした。大規模なDDoS攻撃を受けると、サーバのリソースのみならずネットワークの帯域も逼迫し、サービス停止に追い込まれることがあります。

米国のISP（インターネットサービスプロバイダ）「Level 3 Communications」は、Miraiのウィルスに感染したIoT機器は世界で約50万台であり、国別における割合の上位3カ国は米国29％、ブラジル23％、コロンビア8％であると報じました（図1-1-1）。詳細は不明ですが、日本で稼働しているIoT機器も含まれていたと考えられています。

注1 データ量の単位：1バイトは8ビットで、1キロバイトは10^3。1ギガバイトは10^9で1テラバイトは10^{12}、1ゼタバイトは10^{21}。ビットは小文字のbで、バイトは大文字のBで表記するのが一般的。

注2 同規模のDDoS攻撃を適切に防御するには、年間数千万円程度の有償サービス契約が必要であると、当該セキュリティ会社は説明している。

第1章 今注目すべきIoTセキュリティトピック①：いまそこにある脅威

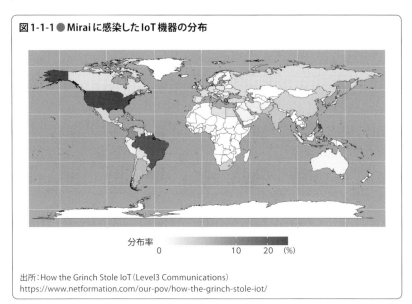

図1-1-1 ● Miraiに感染したIoT機器の分布

出所：How the Grinch Stole IoT（Level3 Communications）
https://www.netformation.com/our-pov/how-the-grinch-stole-iot/

　そして、2016年9月22日の時点で、フランスのISPであるOVHも、1Tbps（1テラビット／秒）規模のDDoS攻撃を受けていたことが判明しました[注3]。

2　Miraiソースコードが公開され、亜種が登場

　2016年9月28日、ハッカー向けの掲示板にハンドルネーム「Anna-Senpai」[注4]を名乗る人物が、Miraiのソースコードを公開しました（図1-1-2）。その結果、Miraiのみならず亜種（改造版）も猛威を振るうようになりました。

[注3]　出所：「Major DDoS Attacks Involving IoT Devices」（ENISA）　https://www.enisa.europa.eu/publications/info-notes/major-ddos-attacks-involving-iot-devices

[注4]　出所：「Who is Anna-Senpai, the Mirai Worm Author?」（Krebs on Security）　https://krebsonsecurity.com/2017/01/who-is-anna-senpai-the-mirai-worm-author/　なお、ハンドルネームのAnna-senpaiは日本のライトノベルの登場人物、Miraiは日本のアニメ「未来日記」に由来しているとのこと。

図1-1-2 ● ハッカー向け掲示板での投稿

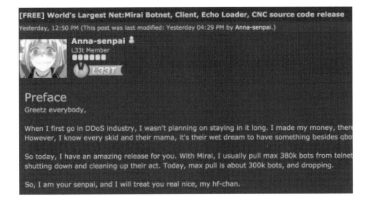

出所：「Source Code for IoT Botnet 'Mirai' Released」（Krebs on Security）
https://krebsonsecurity.com/2016/10/source-code-for-iot-botnet-mirai-released/

Miraiソースコード公開後のMiraiおよび亜種によるDDoS攻撃事例

- 2016年10月21日、米国のDNS（Domain Name System）サービスプロバイダ「Dyn」（ダイン）を対象に、1Tbpsにもおよぶ規模のDDoS攻撃が発生。Twitter、Spotify、Netflix、Wall Street Journal等のサービスがダウンした（図1-1-3）。
- 2016年11月初め、アフリカ西部のリベリアでMiraiの亜種によるDDoS攻撃が原因とされるインターネット接続障害が発生したと報道された。リベリア全体でインターネット接続ができなくなったとの報道も出ているが、リベリアの携帯通信キャリア「Telco」へ500Gbps規模の攻撃があったことは確認されている[注5]。

注5　出所：「Hackers Just Used Mirai Botnet To Shut Down The Internet Of An Entire Country」（FOSSBYTES）https://fossbytes.com/hackers-just-used-mirai-botnet-shut-internet-entire-country/
「Did the Mirai Botnet Really Take Liberia Offline?」（Krebs on Security）https://krebsonsecurity.com/2016/11/did-the-mirai-botnet-really-take-liberia-offline/

第1章 今注目すべきIoTセキュリティトピック①：いまそこにある脅威

図1-1-3 ● DynがDDoS攻撃を受けた際の米国DNSサービス障害状況

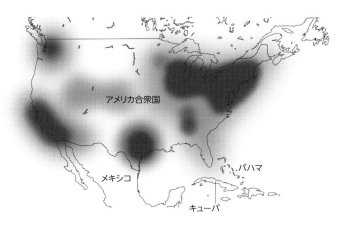

※色の濃くなっている地域ではインターネット障害が多く発生していることが示されている。

出所：「Defense Policy and the Internet of Things？ Disrupting Global Cyber Defenses」（Deloitte Tohmatsu Consulting LLC.） https://www2.deloitte.com/content/dam/Deloitte/jp/Documents/public-sector/gv/en-gv-defense-policy-and-iot-160117.pdf

● 2016同11月27日、ドイツテレコム等のISPが契約者に配布していたルータの脆弱性を突いてボットネットに取り込まれようとされたため、約90万人が一時的にインターネットに接続できなくなった[注6]。

なお、日本でもIoT機器（主にDVR）を対象としたMiraiおよび亜種による攻撃が観測されており、警察庁は2017年1月20日に注意喚起[注7]を出している。

注6 出所：「Upgraded Mirai botnet disrupts Deutsche Telekom by infecting routers」（PCWorld）
https://www.pcworld.com/article/3145449/security/upgraded-mirai-botnet-disrupts-deutsche-telekom-by-infecting-routers.html

注7 出所：「「Mirai」ボットの亜種等からの感染活動と見られるアクセスの急増について（平成28年12月期）」（警察庁） https://www.npa.go.jp/cyberpolice/detect/pdf/20170120.pdf

図1-1-4 ● Miraiボットネット販売に関する投稿イメージ

出所：「Hackers Selling Access To a Huge IoT Botnet」(Alphabaymarket.com)
https://alphabaymarket.com/hacker-selling-hacked-iot-botnet-access/

　Miraiボットネットによる大規模DDoS攻撃には、サイバー犯罪者もすぐに目をつけたようです。以前からDDoS対策のアンダーグラウンド市場では、ボットネットと化したPC・サーバ群を時間単位で貸し出す「DDoS as a Service」と呼ばれる商売が存在していました。それがMiraiおよび亜種の登場によりMiraiボットネットを販売し、またはDDoS攻撃プラットフォームとして貸し出す「Mirai botnet as a Service」というビジネスが早速始まったといわれています（図1-1-4）。

　DDoS攻撃の威力と価値は規模に比例するので、攻撃者はより多くの脆弱なIoT機器を探し、今後もボットネットに組み込むためにMiraiへの改良を加えるでしょう。さらに、ルータの内側にある、例えばスマート家電等にも感染させ、より規模を拡大させた攻撃が発生するかもしれません。

　IoT機器のセキュリティ対策は、現状では総じて不十分です。それにも関わらず、IoTによる新サービスが次々と創出される現在の環境は、攻撃者にとっても大変魅力的なのです。

今注目すべきIoTセキュリティトピック①：いまそこにある脅威

表1-1-1 ● Miraiが使用するID・パスワードの例

ユーザー名	パスワード	該当するIoT機器の例
root	xc3511	Shenzhen Ele Technology, DVR
root	vizxv	Zhejiang Dahua Technology, Camera
root	admin	IPX International, DDK Network Camera
admin	admin	
root	888888	Zhejiang Dahua Technology, DVR
root	xmhdipc	Shenzhen Anran Security Technology, Camera
root	default	
root	juantech	Guangzhou Juan Optical & Electronical Tech
root	123456	
root	54321	8x8, Packet8 VoIP Phone 等
support	support	
root	（未設定）	Vivotek, IP Camera
admin	password	
root	root	
user	user	
root	pass	Axis Communications, IP Camera 等
admin	smcadmin	SMC Networks, Routers
admin	1111	Xerox, Printers 等
root	666666	Zhejiang Dahua Technology, Camera
root	klv123	HiSilicon Technologies, IP Camera
supervisor	supervisor	VideoIQ
666666	666666	Zhejiang Dahua Technology, IP Camera
ubnt	ubnt	Ubiquiti Networks, AirOS Router
root	klv1234	HiSilicon Technologies, IP Camera
root	Zte521	ZTE, Router
root	hi3518	HiSilicon Technologies, IP Camera
root	jvbzd	HiSilicon Technologies, IP Camera
root	anko	Shenzhen ANKO Tech, DVR
root	zlxx.	Electro-Voice, ZLX Two-way Speaker?
root	7ujMko0vizxv	Zhejiang Dahua Technology, IP Camera
root	7ujMko0admin	Zhejiang Dahua Technology, IP Camera
root	system	IQinVision (Vicon Industries), Camera 等
root	ikwb	Toshiba, Network Camera
root	dreambox	Dream Property GmbH, Dreambox Receiver
root	user	
root	realtek	RealTek Routers
root	0	Panasonic, Printer
admin	1111111	Samsung, IP Camera
admin	123456	ACTi, IP Camera
admin	meinsm	MOBITIX AG, Network Camera

出所：「顕在化したIoTのセキュリティ脅威とその対策」(IPA)　https://www.ipa.go.jp/files/000059579.pdf

3　Miraiの感染手法

　Miraiの感染手法はとてもシンプルです。まずグローバルIPアドレス[注8]からTelnetサービス[注9]が稼動しているIoT機器を探し、対象となるIoT機器を見つけたら、ID・パスワードの組み合わせリストを用いてログインを試行し、IoT機器へ侵入します。

　ID・パスワードの組み合わせリストは、IoT機器の出荷時に設定されているデフォルトのもので、IDが「admin」、パスワードが「password」といった安易な組み合わせが含まれる典型的なものであることがほとんどです（表1-1-1）。しかしながら、このようなリストでも、実際に数十万台もの大規模なボットネットを構築することができてしまうのです。

　IoT機器のデフォルトID・パスワードの組み合わせは、製品マニュアルに掲載されており、製造業者およびIoT機器ごとのデフォルトID・パスワードをリスト化して紹介するWebサイトも存在します。そのため、攻撃者が悪用するのも簡単です。

4　日本でも発生していたIoTボットネット

　2012年に国内でルータ数万台がサイバー攻撃の踏み台として、ボットネットに組み込まれたことがありました。製造業者は更新版のファームウェアをリリースしたものの、セキュリティを意識していない利用者の対応が進んでいなかったのです。その後、複数のISPが直接契約者に電話等で連絡を取り、更新を促すことになりました。当該の製造業者や公的機関のWebサイトでは、今も注意喚起とファームウェア更新の案内を掲示していますが、当ルータを利用するすべての利用者がファームウェアを更新、または買い替えにより廃棄するまでには、まだ時間がかかる

注8　インターネット通信するために機器に割り当てられた唯一の識別子。
注9　遠隔から端末やサーバを操作するための通信手順（プロトコル）。

今注目すべきIoTセキュリティトピック①：いまそこにある脅威

図1-1-5 ● ボットネットに組み込まれたルータの脆弱性解消に向けた取り組み

2012年5月	・製造業者がファームウェア更新をリリース ・ユーザーへの脆弱性情報提供開始
2013年8月	・脆弱性のあるホームゲートウェイは1万台以上残る ・ISPがホームルータの所有者に連絡しようとしたが「通信の秘密の侵害」の懸念
2013年9月	・総務省が指針を明確化（緩和?） ・いくつかのISPが利用者に連絡開始
2014年初め	・脆弱性のあるホームルータが40%減少（現在も対策継続中）

出所：「IoT時代のセーフティ・セキュリティ確保に向けた課題と取組み」（情報セキュリティ大学院大学）
筆者修正加筆　http://sec.ipa.go.jp/users/seminar/seminar_tokyo_20151207-01.pdf

でしょう（図1-1-5）。

　SHODAN（ショダン）およびCensys（センシス）[注10]から日本国内で稼働しているIoT機器を調査すると、Web管理画面であれば約160万台が発見されています。これらのIoT機器がデフォルトID・パスワードのままならば、または脆弱性を解消していなければ、何かの拍子にIoTボットネットに取り込まれてしまう可能性があります（表1-1-2）。

　また、SHODANやCensysといった特定のサービスを使わなくても、検索エンジンのオプションで十分インターネットからアクセス可能なIoT機器を抽出できるため、より手軽にIoTボットネットをしかけられる可能性があります。

注10　インターネット全体を日々スキャンしてすべての脆弱なデバイスを探し出す新たな検索エンジン。SHODANは2009年にJohn Matherly氏によって開発され、Censysはミシガン大学の研究者らが2016年10月にリリースした。詳細は「増加するインターネット接続機器の不適切な情報公開とその対策」（IPA）https://www.ipa.go.jp/files/000052712.pdf を参照。

表1-1-2 ●日本国内で接続されているIoT機器数

機器 \ 主要な脅威・リスク	機器がもつサーバ機能				
	Web機能	ファイル共有機能	メール機能	DNS機能	telnet機能
	情報漏えい 設定情報の変更	情報漏えい	攻撃の踏み台	攻撃の踏み台	攻撃の踏み台
複合機（プリンタ、スキャナ、FAX）	○	○	○		○
ネットワーク対応ハードディスク	○	○	○	○	○
ネットワークカメラ	○	○	○		○
ブロードバンドルータ	○			○	○
デジタル液晶テレビ	○				
デジタルビデオレコーダー	○	○			○
使用プロトコル	HTTP	FTP/SMB/NetBIOS	SMTP	DNS/NTP	telnet
ポート番号	808,080	21,137,445	25	53,123	232,323
SHODANに登録されている機器台数	1,603,901	498,017	693,381	330,391	91,564
Censysに登録されている機器台数	1,632,710	632,860	680,743	220,617	163,561

出所：「日本国内で接続されているIoT機器数」(IPA)　https://www.ipa.go.jp/security/iot/20170417.html

5　今なお活動を続けているIoTボットネット

　2017年になって、Miraiおよび亜種による大規模ボットネットは減少した時期もありましたが、IoTボットネットは現在も活動しています。2017年10月には、Check Point Software Technologiesと奇虎360科技（Qihoo 360 Technology）の2社が、100万台を超える規模のCCTV・

今注目すべきIoTセキュリティトピック①:いまそこにある脅威

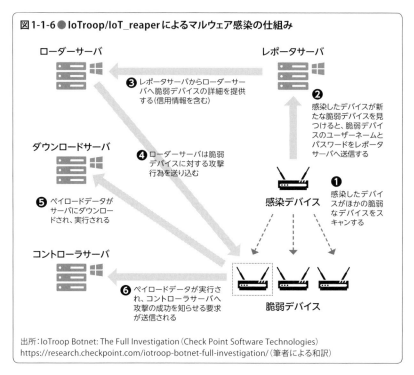

図1-1-6 ● IoTroop/IoT_reaperによるマルウェア感染の仕組み

出所:IoTroop Botnet: The Full Investigation (Check Point Software Technologies)
https://research.checkpoint.com/iotroop-botnet-full-investigation/ (筆者による和訳)

DVR・ルータ・ネットワークストレージ等で構成される大型ボットネットを発見し、前者をIoTroop[注11]、後者をIoT_reaper[注12]と名づけました。IoTroop/IoT_reaperの感染方法はMiraiと異なり、デフォルトID・パスワードの組み合わせを用いないで、既知の脆弱性を突いて感染します。2017年12月の時点では、IoTroop/IoT_reaperによるDDoS攻撃は観測されていないものの、ある日突然、Miraiと同等もしくはそれ以上の規模の攻撃を開始する可能性があります(図1-1-6)。

また、2017年11月末には、南米でMiraiの亜種によって約10万台の

注11 出所:「IoTroop Botnet: The Full Investigation」(Check Point Software Technologies)
https://research.checkpoint.com/iotroop-botnet-full-investigation/

注12 出所:IoT_reaper: A Rappid Spreading New IoT Botnet (Qihoo 360 Netlab)　http://blog.netlab.360.com/iot_reaper-a-rappid-spreading-new-iot-botnet-en/

IoT機器が、そして12月には、「Satori」（サトリ）注13と名づけられたマルウェアによって、約28万台がボットネットに取り込まれました。さらに2018年になると、MiraiやGafgyt（ガフジット）の亜種はDVRやルータの脆弱性のみならず、Webアプリケーションを開発するためのフレームワークであるApache Struts（アパッチストラッツ）や企業向けのセキュリティ機器の脆弱性を突くように改良されてきています注14。

　IoT機器がサイバー攻撃者にとって都合の良い攻撃ツールである限り、IoTボットネットの活動は繁閑があっても、決してなくなることはありません。そして活発になるたびに、インターネットの治安は脅かされることになるのです。

　次に、IoT機器をボットネットに取り込まれないための基本的な対策についてまとめましたので、参考にしてください。

IoT機器をボットネットに取り込まれないための基本的な対策

●開発者による対策
　Security by Design（セキュリティ・バイ・デザイン）注15に基づき、企画段階からセキュリティ要件を考慮することが大切。
　＜セキュリティ要件の例＞
　・Telnet等不要な機能および開発者用パスワード等不要なパスワードの無効化
　・利用者による初期パスワードの強制変更機能
　・パスワードルールの強制（最低文字数、文字種）

注13　出所：Warning: Satori, a Mirai Branch Is Spreading in Worm Style on Port 37215 and 52869（Qihoo 360 Netlab）　http://blog.netlab.360.com/warning-satori-a-new-mirai-variant-is-spreading-in-worm-style-on-port-37215-and-52869-en/
注14　出所：「Multi-exploit IoT/Linux Botnets Mirai and Gafgyt Target Apache Struts, SonicWall」（Palo Alto Networks）　https://researchcenter.paloaltonetworks.com/2018/09/unit42-multi-exploit-iotlinux-botnets-mirai-gafgyt-target-apache-struts-sonicwall/
注15　詳細は第5章4節を参照のこと。

第1章 今注目すべきIoTセキュリティトピック①：いまそこにある脅威

- 初期設定の堅牢化（Hardening）
- 自動ファームウェア更新機能

　機器販売後の運用フェーズ向けとしては、「わかりやすい取扱説明書の作成」「利用者への呼びかけ」「脆弱性が発見された場合の迅速なファームウェア・アップデータの提供・通知」等が必要である。PC・スマートフォンと異なり、IoT機器においては利用者のセキュリティ意識は必ずしも高くない。また、セキュリティに関する知識も十分でない可能性があるので、ホームページ等で情報提供をしても期待通りに利用者へ情報が伝達されない懸念もある。

※詳細はIPA発行の「つながる世界の開発指針」「IoT開発におけるセキュリティ設計の手引き」を参照。

●利用者による対策
- 取扱説明書の確認
- 初期パスワードの変更
- 迅速なファームウェアアップデートを実施（自動アップデートをデフォルト設定にしていることが望ましい）

※詳細はIPA発行の「増加するインターネット接続機器の不適切な情報公開とその対策」を参照。

1.2　商業衛星のマルウェア感染

　現在、世界各国で打ち上げられた人工衛星は7,600基を超えており、そのうち4,400基以上が地球の軌道上で稼働しています。人工衛星は通信や科学、航行、軍事等様々な用途で活用されており、例えばスマートフォンで行先を調べる場合に使用するGPS（全地球測位システム）情報も人工衛星によるものです。また、今後は小型衛星も普及するといわれ、打ち

上げにかかる費用が10分の1規模になるという話もあります。

　従来の人工衛星は高額であり、強固なセキュリティ機能が備わっている印象があります。しかし、軍事衛星の防御は固いものの、商業衛星では対策が十分とはいえません。過去には、米国が管理する人工衛星の通信が簡単にハッキングされてしまったことがあり、他国の関与が疑われました。目に見えないサイバー空間で、国同士が攻撃を仕掛けているかのようです。

　以降では、IoT化によってさらに活用の幅が広がる人工衛星、そしてその衛星を対象にしたサイバー攻撃事例を紹介し、加えて国家の関与が疑われるサイバー攻撃についても紹介します。

1　宇宙産業の発展

　2017年5月12日、内閣府の宇宙政策委員会宇宙産業振興小委員会は、「宇宙産業ビジョン2030 ―第4次産業革命下の宇宙利用創造―」[注16]を公表しました。

　現在、日本の宇宙産業規模は1.2兆円といわれますが、さらに2030年代に倍増させることを目標として掲げています。このビジョンには「宇宙×他産業」による産業連携を促進することで、宇宙産業のみならず、他産業や新たに形成される産業への波及により、産業規模の拡大を狙うというコンセプトがあります。宇宙産業の振興が他産業の成長および新産業の創出につながり、日本の経済・産業を発展させるために重要であると位置づけているのです。このビジョンでは、「宇宙利用産業」「宇宙機器産業」「海外展開」「新たな宇宙ビジネスを見据えた環境整備」に施策を分類しています（図1-2-1）。

　今後、宇宙産業はIT・ビッグデータをつないだイノベーションの進展、

注16　出所：「宇宙産業ビジョン2030 －第4次産業革命下の宇宙利用創造－」（内閣府）http://www8.cao.go.jp/space/vision/mbrlistsitu.pdf

第1章 今注目すべきIoTセキュリティトピック①：いまそこにある脅威

図 1-2-1 ● 宇宙産業ビジョン2030の施策概要

宇宙産業ビジョン2030のポイント
- 宇宙産業は第4次産業革命を進展させる駆動力。他産業の生産性向上に加えて、成長産業を創出するフロンティア。安全保障上も基盤。
- 宇宙技術の革新ビジョン（宇宙×IoTによるイノベーション、AI・ロボティクスとの結合、小型化等）によるコスト低下による宇宙利用産業の裾野拡大
- 民間の役割拡大を通じ、宇宙利用産業を含めた宇宙産業全体の市場規模（現在1.2兆円）の2030年代早期倍増を目指す。

宇宙利用産業

<課題>
- 衛星データの継続性がなく、入手経路がわかりにくい
- 衛星データソリューションビジネスが立ち上がっていない
- 事業が立ち上がるまでの安定需要が不足

対応策

①衛星データへのアクセス改善

衛星データ利用促進に向けた環境整備
- 衛星データの継続性の確保、保存場所等の一覧化。今後、データの利用可能方法等を付加し、データの継続性強化
- データ利用拠点（データセンター）の整備
- 政府衛星データのオープン＆フリー化の推進

②衛星データの利活用促進

モデル事業の推進
- AI・ビッグデータ解析とその人材の活用
- リモートセンシング衛星データや準天頂衛星データと地上データを統合した新たな活用事例を創出
- ベンチャー企業等による衛星データの活用を容易にし、事業の創出を促進
- 潜在ユーザーのオープン化
- 自治体等と連携して、利用拡大と産業化を図る

宇宙機器産業

<課題>
- 国際競争力の強化（技術開発、実績、コスト等が必要）
- 新規参入に向けた技術面でのハードルが高い
- 2015年の宇宙基本計画では、「我が国の宇宙機器産業の事業規模として10年間で官民合わせて5兆円を目指す」旨記載

対応策

①国際競争力の確保
- 継続的な衛星開発（シリーズ化）
- 市場ニーズに応じた継続的な開発・推進
- 新型基幹ロケット（H3）の開発・推進
- コスト半減などの製造期間の短縮
- キーとなる部品・コンポーネント技術の策定・開発
- 部品・コンポーネント技術開発の推進
- 調達制度の改善、技術開発支援の強化

②新規参入者への支援

宇宙実証機会の充実
- 実証機会の充実および関連支援策のワンストップサービス化

小型ロケット打上げのための射場整備
- 指針等の整備および小型空ロケットベンチャーの動向等、市場動向を調査

海外展開

<課題>
- 相手国の発展段階を意識した戦略的取り組み、国際連携強化
- 長期的・持続的な戦略の検討・推進

対応策

相手国のニーズに応じたパッケージの組成・強化
- 経協インフラ戦略会議とも緊密に連携し、機器やサービス、人材育成等パッケージの組成・強化

国際連携の推進
- 準天頂衛星によるアジアオセアニアセアニア向け高精度測位サービスの展開、GalileoとのL1C対応力
- APRSAF*1やERIA*2、NASA*3やDLR*4等との連携強化、継続的な支援コーディネート機能の構築
- プロジェクトマネジャーを新設し、継続的・積極的にプロジェクトを推進

新たな宇宙ビジネスを見据えた環境整備

<課題>
- リスクマネーが不足し、新規参入者の層が薄い
- 海外では新たなビジネスを見据えた法整備へ

対応策

新たな宇宙ビジネス事業の奨励・振興
- リスクマネー供給の強化
- アイデアコンテストの実施及び事業化支援（S-NET等）

新たなビジネスに対応した利活用整備
- 軌道上損傷や宇宙資源探査への対応措置を検討

---

*1 APRSAF:Asia-Pacific Regional Space Agency Forum, アジア太平洋地域宇宙機関会議
*2 ERIA:Economic Research Institute for ASEAN and East Asia, 東アジア・アセアン経済研究センター
*3 the National Aeronautics and Space Administration, 米国航空宇宙局
*4 Deutsches Zentrum fur Luft- und Raumfahrt, ドイツ航空宇宙センター

出所：「宇宙産業ビジョン2030のポイント」(内閣府) http://www8.cao.go.jp/space/vision/point.pdf

コスト低下、民間による宇宙活動の商業化により、加速度的に変化することになるでしょう。また、衛星の小型化により、地球の軌道上に数十から数百の小型衛星を打ち上げ、連携システムとして運用する「衛星コンステレーション」も実用化が進みつつあります。こうしたことから衛星データの高度化が期待されています。

例えば、衛星データとAIの活用で衛星データ解析が高度化され、石油備蓄量を推計するサービスが生まれました。これは衛星から大量のリモートセンシング画像を送り、画像認証技術により石油タンクを検知し、タンクの位置情報や撮影日時、日照データ、影の形状データを組み合わせて解析すると、国や地域における石油備蓄量の時系列データが作成できるというものです。これを投資家等へ通知することで、金融市場取引にも波及効果が生じるわけです。

宇宙から得られるデータを分析データに加えることで、スマートシティの構築に役立てようとする構想もあります。

総務省が公表した「宇宙×ICTに関する懇談会報告書〜ICTが巻き起こす宇宙産業ビッグバン〜」[注17]では、自治体が抱える社会的課題の解決策として、人工衛星による測位データや観測データの中で3次元空間を把握するものを活用し、実証を推進するとしています。つまり、AI解析により時間的変化の自動抽出を行うことで、空間の3次元に時間差分を加味した「4次元サイバーシティ」の構築を構想し、実証を推進するとしています（図1-2-2）。

2 衛星のサイバー攻撃事例

悪意のある攻撃者が、通信や測位に対するジャミング（レーダー波に対する妨害）、サービス不能攻撃、盗聴・改ざん等を行うことで、通信・放

[注17] 出所：「宇宙×ICTに関する懇談会報告書〜ICTが巻き起こす宇宙産業ビッグバン〜」（総務省）
http://www.soumu.go.jp/main_content/000502202.pdf

第1章 今注目すべきIoTセキュリティトピック①：いまそこにある脅威

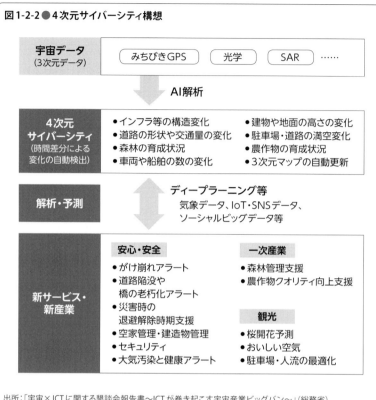

図1-2-2 ● 4次元サイバーシティ構想

出所：「宇宙×ICTに関する懇談会報告書～ICTが巻き起こす宇宙産業ビッグバン～」（総務省）
http://www.soumu.go.jp/main_content/000502202.pdf

送の妨害や気象衛星等のサービスが停止に追い込まれるリスクが指摘されています（図1-2-3）。攻撃により、例えば天気予報がわからなくなる、衛星放送を受信できなくなる、GPS情報を利用できなくなるといった事態が想定されます。将来的には衛星に真性乱数発生装置を搭載し、量子暗号を活用するなどの傍受困難な通信技術の開発が必要になるでしょう。

　サイバー攻撃については荒唐無稽な発想ではなく、実際に次に挙げるような事例が発生しています。宇宙から得られるデータを基にサービスを提供するには、信頼できるデータにすることが必須です。そのためにも、適切なセキュリティ対策が求められています。

1.2 商業衛星のマルウェア感染

図1-2-3 ●サイバー攻撃のリスク

出所:「宇宙×ICTに関する懇談会報告書~ICTが巻き起こす宇宙産業ビッグバン~」(総務省)
本文中の「図4-4宇宙の利用で安心される安心・安全な社会」より

商業衛星のマルウェア感染事例

●米国人工衛星に対するハッキング(2007・2008年)注18

米国航空宇宙局(NASA)と米国地質調査所(USGS)の人工衛星2基(Landsat-7、Terra)が、ハッカーにより攻撃された。攻撃者はノルウェーのスピッツベルゲン諸島にあるSvalbard Satelite Stationの地上制御システムに、インターネット回線からハッキングして踏み台にし、4回にわたって合計数分間、衛星のコントロールを奪取した。ただ、不正に操作されることはなく、サイバー攻撃力の示威が目的だったのではないかとされている。

直接的な証拠は見つかっていないが、中国人ハッカーが用いる攻撃パ

注18 出所:「In space, no one can hear you hack」(WebRoot)
https://www.webroot.com/blog/2011/11/14/in-space-no-one-can-hear-you-hack/

今注目すべきIoTセキュリティトピック①：いまそこにある脅威

ターンと一致しているとして、米国は中国を批判し、中国は否定した。

● NASAに対するハッキング（2011・2012年）注19

NASAでは、2009年から2011年の間に48台のノートPCが紛失または盗難に遭い、また2011年には、暗号化されていない国際宇宙ステーション（ISS）の制御コードを保管しているノートPCも紛失したことがあった。

2012年には、中国のIPアドレスからハッキングがあり、攻撃者にコンピュータの制御を完全に奪われた。攻撃者が重要なファイルを改ざん、コピー、削除の目的で、ID・パスワード等の認証情報を盗むためにマルウェアを仕込んだとすれば、他のシステムにも損害を与える可能性があったという。

● 米国海洋大気庁（NOAA）に対するハッキング（2014年）注20

2014年10月、NOAAの気象観測ネットワークが中国系と思われるハッカーによりインターネット経由でハッキングされ、一時閲覧不能となった。

NOAA傘下の4つのWebサイトがハッキングされたため、攻撃を食い止めるために一部サービスを停止した。これにより衛星からのデータが途切れ、気象情報提供サービスが閲覧できなくなった。

● 商業衛星を悪用しマルウェアを拡散させるサイバー攻撃（2015年）注21

注19 出所：「Hackers had 'full functional control' of Nasa computers」（BBC News） http://www.bbc.com/news/technology-17231695

注20 出所：「Chinese hack U.S. weather systems, satellite network」（The Washington Post） https://www.washingtonpost.com/local/chinese-hack-us-weather-systems-satellite-network/2014/11/12/bef1206a-68e9-11e4-b053-65cea7903f2e_story.html?utm_term=.2b7fd73d4271

注21 出所：「Satellite Turla: APT Command and Control in the Sky」（SecureList） https://securelist.com/satellite-turla-apt-command-and-control-in-the-sky/72081/

旧東側諸国の政府機関や大使館を標的に活動を続け、ロシア語の話者の関与が疑われるTurla（トゥーラ。サイバー攻撃キャンペーンの名称）が、マルウェアに感染させたシステムとの遠隔操作に、商業衛星を悪用していた。Turlaは、ウロボロスと呼ばれるマルウェアを感染させて機密情報を窃取する際、マルウェアに指示を出す指揮統制（C&C）サーバの居場所を衛星通信を経由させることで隠ぺいしていた。

当時、衛星通信網が整備されていない地域で使われている商業衛星の下り回線は、データが暗号化されておらず、容易にジャックできた。そこで、中東とアフリカ諸国の衛星インターネットプロバイダ事業者が使用する衛星電波をジャックすることで、これらの衛星電波が届かない北米や欧州のセキュリティ研究者から容易に調査できないようにしていた。

Turlaは45か国以上の政府機関や軍、教育研究機関、製薬企業等でマルウェアを感染させ、ネットワークに侵入してスパイ活動を行った。また、ロシア政府がTurlaを支援しているという指摘もある[注22]。

次はサイバー攻撃の事例ではありませんが、商業衛星のハッキングは必ずしも難しくはないことを説明するために、脆弱性に関する研究発表についても紹介しましょう（図1-2-4）。

Colby Moore氏による脆弱性に関する研究発表（2015年）

2015年に開催されたセキュリティカンファレンスに、セキュリティ企業Synack（シナック）社のColby Moore氏が登壇した。Globalstar（グローバルスター）社の衛星を自作の機械でハッキングを試みたという

注22 出所：「Russia's Cyber-Weapons Hit Ukraine: How to Declare War Without Declaring War」（Huffpost）https://www.huffingtonpost.com/alec-ross/russias-cyber-war_b_4932475.html

今注目すべきIoTセキュリティトピック①：いまそこにある脅威

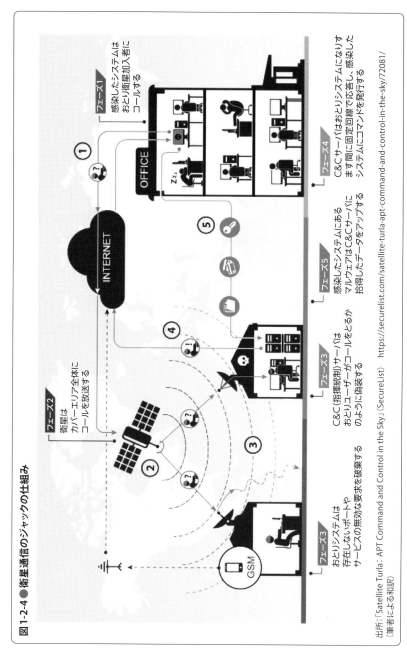

図1-2-4 ● 衛星通信のジャックの仕組み

出所：「Satellite Turla: APT Command and Control in the Sky」(SecureList) https://securelist.com/satellite-turla-apt-command-and-control-in-the-sky/72081/
（筆者による和訳）

テーマであり、Moore氏は次の点を指摘した[注23]。
- 人工衛星のGlobalstarに使用されるトランスミッタには、通信傍受、偽装、改ざん等に悪用される脆弱性があった。通信を傍受するだけで、利用者登録内容がわかるため、位置情報を悪用して、テロリストによる要人暗殺や密入国・密輸にも悪用される可能性がある。
- 脆弱性が内包される原因として、1990年代に策定されたプロトコルにはセキュリティが考慮されていない。
- 衛星の制御はできなくても、誤った情報を送信することは可能であり、例えば偽のSOSを大量に発信したり、送信済みのSOSをキャンセルしたりすることもできる。

なお、ハッキングを試した機械の製作費は1,000米ドル(約11万3,000円)ほどで、材料は容易に調達できたとのことである(図1-2-5)。

図1-2-5 ● Moore氏が製作したハッキング用の機械

出所:「DEF CON 23: Spread Spectrum Satcom Hacking: Attacking The GlobalStar Simplex Data Service」(Synack) https://www.slideshare.net/Synack/spread-spectrum-satcom-hacking-attacking-the-globalstar-simplex-data-service

注23　出所:「This $1,000 Device Lets Hackers Hijack Satellite Communications」(Motherboard) https://motherboard.vice.com/en_us/article/xywjpa/this-1000-device-lets-hackers-hijack-satellite-communications

3　国家の関与が疑われるサイバー攻撃

　人工衛星を対象としたサイバー攻撃の事例について紹介しましたが、その中には国家の関与が疑われるものが多々あります。しかしながら、サイバー攻撃はミサイル発射実験とは異なり、その実情がわかりにくいという特徴があります。

　そこで、改めて国家が活動を支援していると指摘されるサイバー攻撃について紹介します。

●国家支援型サイバー犯罪集団によるサイバー攻撃

　セキュリティ企業のFireEye（ファイア・アイ）社は、国家の関与が疑われるサイバー攻撃集団を少なくとも10以上確認しており、その概要を公開しています。その中では、中国が支援するとされるサイバー攻撃集団が最も多く、他にロシア、イラン、ベトナム、北朝鮮が支援するとされるグループも確認されています注24。

　こうしたセキュリティ企業は様々な調査を踏まえたうえで、国家の関与が疑われるとの判断を行っていますが、当事国が認めない限り、真相はわかりません。A国がB国によるサイバー攻撃を非難すると、非難されたB国は事実無根と応酬するのが必然ですが、第三国がB国の関与が疑われるように、意図的にマルウェアのソースコード等に虚偽の痕跡を残すこともあります。いずれにしても、現在のサイバー空間は攻撃者側が優位にあると考えてよいでしょう。

　そうした状況を受けて2011年5月に、米国ではサイバー空間の国際戦略を公表し、サイバーに関する脅威を他の脅威と同様に扱うこと、そしてサイバー脅威に対して物理的な軍事力で対抗する可能性を明確に示しました。サイバー攻撃の脅威が、国家安全保障のテーマになった

注24　出所：「Advanced Persistent Threat Groups」（FireEye）　https://www.fireeye.com/current-threats/apt-groups.html

のです[注25]。

　また日本でも、2015年に日本年金機構で発生したサイバー攻撃による情報漏えいは記憶に新しいと思いますが、このときに使われたマルウェアは、中国語を使う人が作成した可能性が指摘されています[注26]。

　国家が支援するサイバー攻撃は概して高度であり、情報システムから機密情報または個人情報を抜き出すだけでなく、制御システムを対象とした攻撃も存在します。

● Stuxnetによるイランのウラン濃縮施設への攻撃

　2010年9月には、イランのウラン濃縮施設のシステムがStuxnet（スタクスネット）と呼ばれるマルウェアに感染し、約8,400台の遠心分離機が破壊されました。これにはイスラエルおよび米国の関与が疑われており、その感染の経緯は次のように推測されています。

① 外部からマルウェアの入ったUSBメモリを持ち込み、4つのWindowsに対するゼロデイ脆弱性[注27]を突いて施設内のPCに接続して感染させる。

② 感染したPCをC&Cサーバと通信させて攻撃モジュールをダウンロードする。

③ 制御システム向けネットワークを探索し、さらにSiemens（シーメンス）社製のラダープログラミングソフトであるStep7が稼働するHMI[注28]を探索して感染させる。

注25　出所：「INTERNATIONAL STRATEGY FOR CYBERSPACE」（Whitehouse） https://obamawhitehouse.archives.gov/sites/default/files/rss_viewer/internationalstrategy_cyberspace.pdf

注26　出所：「Operation CloudyOmega: Ichitaro zero-day and ongoing cyberespionage campaign targeting Japan 」（Symantec）　https://www.symantec.com/connect/blogs/operation-cloudyomega-ichitaro-zero-day-and-ongoing-cyberespionage-campaign-targeting-japan

注27　システムの脆弱性に対する修正プログラムが提供されていない脆弱性であり、攻撃に対して無防備な状態で脆弱性の中でも深刻な脆弱性。

注28　HMIはHuman Machine Interfaceの略。人間と機械が情報をやり取りするための手段や、そのためのソフトウェアや装置などの総称。

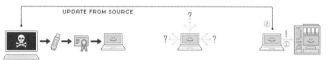

図1-2-6 ● Stuxnetの攻撃の流れ

出所:「The Real Story of Stuxnet」(IEEE)
https://spectrum.ieee.org/telecom/security/the-real-story-of-stuxnet (著者による和訳)

④遠心分離機を制御するPLC(Programmable Logic Controller)を乗っ取って周波数を変更させるとともに、監視システムに送信するデータは正常値を示すことで、中央制御室での発覚を遅らせる。

米国New York Times誌は「米国国家安全保障局(NSA)とイスラエル軍の情報機関である8200部隊がイラン攻撃の目的で開発した」と報じましたが、両機関は肯定も否定もしていません[注29](図1-2-6)。

注29 出所:「Obama Order Sped Up Wave of Cyberattacks Against Iran」(The New York Times)
http://www.nytimes.com/2012/06/01/world/middleeast/obama-ordered-wave-of-cyberattacks-against-

第2章

今注目すべき
IoTセキュリティトピック②：
訴訟やプライバシーに
まつわる規制

IoT機器がセキュリティやプライバシーを考慮しなかったために、輸出先（国）の規制によって訴訟や販売禁止の対象となっている事例をご存知でしょうか。第2章では、欧米で起こった事例の紹介とともに、IoT時代に求められるプライバシー管理手法「Privacy by Design」について見ていきます。

今注目すべきIoTセキュリティトピック②：訴訟やプライバシーにまつわる規制

2.1 脆弱なIoT機器に対する訴訟と社会的な批判

　IoT機器がマルウェアに感染し、停止または誤作動を引き起こしたとき、製造業者は利用者から訴えられるリスクを抱えています。また、IoT化により収集したデータが漏えいすれば、プライバシー違反として制裁を受けてしまう可能性もあります。さらには、IoT機器を輸出した先の法制度に起因する訴訟によって、思わぬ形でビジネスを停滞させてしまう恐れもあります。

　ここでは、脆弱なIoT機器が主に米国の法執行機関である連邦取引委員会（FTC：Federal Trade Commission）に訴訟を提起された事例、また、脆弱性が公表されたことにより社会的な批判を受けてリコールに至った事例について紹介します。

1　米国連邦取引委員会（FTC）について

　FTCは、FTC法（Federal Trade Commission Act of 1914）に基づき、1914年に商務省から独立する形で設置された独立行政委員会です。FTCには、商業活動に関わる「不公正な競争手段」と「不公正または欺瞞的な行為または慣行」を、自然人、団体、または法人が行わないように監督する権限と責務が与えられています（FTC法5条、15 U.S.C. § 45(a)(2)）。

　プライバシー規制や法執行については、1938年にFTC法第5条に「不公正または欺瞞的な行為または慣行」を禁止する規定が追加され、それ以降は第5条が根拠となって、FTCが消費者保護を司るようになりました。米国においては、民間部門のプライバシー保護は自主的な規制に委ねられ、特に必要であれば個別の法制度が整備されています。事業者が法令や事業者が自ら定めたプライバシーポリシーに違反したような場合

には、FTCは、第5条に基づく法執行措置[注1]を行うこととしています。

また、FTCは消費者のプライバシー保護について規制当局としての役割ももっており、「児童オンライン・プライバシー保護法」（COPPA[注2]法）の主管でもあります。例えばIoT化された玩具にマイクやカメラがついていて、児童が玩具に話しかけると音声をクラウド上で処理したうえで応答するといった行為が発生するとすれば、玩具経由で集めた情報はプライバシー保護の対象となります。このようにFTCは、IoT玩具に対してもCOPPA法のプライバシールールを適用し、違反した場合はFTC法第5条に基づく法執行の対象となります[注3]。

2 IoTに対する米国FTCの取り組み

FTCは、2015年1月にIoTセキュリティおよびプライバシーに対するレポート「Internet of Things–Privacy & Security in a Connected World」を発行するなど、レポートを発行することで自らのスタンスを提示しています。同レポートでは、IoTセキュリティとプライバシーにおけるリスクと推奨管理策を提示しています。なお、レポートは、第5章で紹介するOWASP Internet of Things ProjectのTop 10 Vulnerabilitiesにある「I5：Privacy Concern」でも引用されています（図2-1-1）。

FTCは、民生分野の見本市「CES（Consummer Electronics Show）」やセキュリティカンファレンス「Black Hat」等にも出展し、講演を行うことで、セキュリティに対しての啓発を促進しています。2017年には「IoT

注1 法執行措置には行政的措置および司法的措置があり、また例えば行政的措置については審決と審判手続に分類されるが、本項では法執行措置の制度に係る詳細は本書の目的を考慮し割愛した。制度の説明については「米国FTCにおける消費者プライバシー政策の動向」（小向太郎氏）などを参照。
http://www.soumu.go.jp/iicp/chousakenkyu/data/research/icp_review/08/08-6komukai2014.pdf

注2 Children's Online Privacy Protection Act の略。

注3 個人情報を収集する前に親の同意を得ること、親が子どもの個人情報にアクセスして閲覧や削除ができるようにすること等の対応が必要となる。

今注目すべきIoTセキュリティトピック②:訴訟やプライバシーにまつわる規制

図2-1-1 ● FTCレポート記載のセキュリティとプライバシーの推奨管理策（概要）

リスク

セキュリティ
- データ漏えい（ID・パスワード・クレジットカード情報等）
- 他のシステムへのDoS攻撃、侵入の踏み台となること
- ハッキングされ、機器を故意に停止または誤作動を引き起こす

プライバシー
- データの偏在化（センサー等から大量・正確な情報が収集される）
- 個人に不利益を与える目的外利用
- ハッキング

推奨管理策
- セキュリティを設計段階から組み込む（Security by Design）
- ネットワークに接続する機器のセキュリティパッチを適用する
- 不正アクセスの監視をする
- セキュリティインシデントに対する責任者を任命する
- いかなる個人情報をも収集し、その目的は何かを明示する
- 収集されることを拒否する機会を与える
- 個人情報データの収集・保管を最小にする
- パートナー企業による個人情報の取り扱い手続きを確認する
- 情報漏えいや目的外利用が発生した場合の速やかな情報開示プロセスを構築する

出所：CCDSセキュリティシンポジウム2017講演「海外のIoTセキュリティの動向」
（デロイト トーマツ リスクサービス）

Home Inspector Challenge」という、家庭向けIoT機器をセキュリティ脅威から守るツールの開発に関するコンテストを開催し、2万5,000米ドル（約280万円）もの優勝賞金を用意しました[注4]。

注4　出所：「IoT Home Inspector Challenge」（FTC）　https://www.ftc.gov/iot-home-inspector-challenge

3 米国FTC訴訟事例

ここでは、米国FTCが主にIoT機器のセキュリティ管理態勢の不備を、行政的措置により追及した事例を紹介しましょう。

●HTC America（2013年）

FTCは、HTC Americaがモバイル端末の脆弱性に対処せずに出荷したという主張をしました。その結果、セキュリティパッチ（セキュリティ上の不具合を修正するソフトウェア）の開発や提供、今後のセキュリティ管理プログラムの策定と実行、また今後20年間において2年ごとに第三者によるセキュリティ管理態勢の評価実施が義務づけられました[注5]。

●TRENDnet（2013年）

TRENDnetの家庭用ネットワークカメラのセキュリティが不十分であったため、インターネット上でカメラの映像が閲覧できてしまったことにより、消費者をリスクにさらしたという主張が、FTCによってなされました。判決では、セキュリティ管理態勢の公開、消費者への情報提供の実施、包括的なセキュリティ強化の義務、また今後20年間において2年ごとに第三者によるセキュリティ管理態勢の評価実施を義務づけられました[注6]。

●VTech（2015年）

2015年11月、同社のサーバがハッキングされ、同社の電子知育玩具で収集された、児童約660万人、保護者約500万人分のIDとパスワード、氏名、誕生日、性別、カメラで収集した画像データ（計190ギガバイト）

注5 https://www.ftc.gov/enforcement/cases-proceedings/122-3049/htc-america-inc-matter を参照。

注6 https://www.ftc.gov/news-events/press-releases/2014/02/ftc-approves-final-order-settling-charges-against-trendnet-inc を参照。

今注目すべきIoTセキュリティトピック②:訴訟やプライバシーにまつわる規制

が漏えいしました。その後、オンラインストアは2カ月間停止し、2016年決算発表にて、売上および利益の減少要因の1つに情報漏えいを挙げました注7。

漏えいした情報の中には、米国COPPA法の対象となる13歳未満の児童が含まれていたため、FTCはCOPPA法違反としてVTechに訴訟を提起しました。約2年にわたる審理を経て、2018年1月9日にVTechは65万米ドル（約7,300万円）の制裁金を支払うこと、将来において永続的にCOPPA法を違反してはならないこと、つまり13歳未満の児童のデータのセキュリティ確保、およびアカウント作成時点で漏れなく親の同意を取り付けることが義務づけられました。また、今後20年間において2年ごとに第三者によるセキュリティ管理態勢の評価実施義務を負うことも決定しました注8。

また2016年2月には集団訴訟が発生注9しましたが、2017年7月にVTechが勝訴し、その後原告団は再度訴訟を提起しており、いまだに争っています注10。しかし、FTCによる訴訟がVTechの敗訴として決着がついたため、今後の係争に影響を及ぼすかもしれません（表2-1-1）。

● ASUS（2016年）

ASUS社のルータに複数のセキュリティ脆弱性（デフォルトID・パスワードの脆弱性、Webトラフィック乗っ取り、コマンドインジェクション注11等）があり、ASUSはファームウェアを提供しました。しかし、そのファームウェアでも脆弱性が解消できませんでした。また、同ルータ

注7 出所:「VTech Announces FY2016 Annual Results」（VTech）https://www.vtech.com/en/press_release/2016/vtech-announces-fy2016-annual-results/
注8 出所:「Electronic Toy Maker VTech Settles FTC Allegations That it Violated Children's Privacy Law and the FTC Act」（FTC）　https://www.ftc.gov/news-events/press-releases/2018/01/electronic-toy-maker-vtech-settles-ftc-allegations-it-violated
注9 http://krcomplexlit.com/currentcases/vtech-holdings-ltd-data-breach/ を参照。
注10 https://regmedia.co.uk/2017/10/10/motion_to_dismiss_vtech.pdf を参照。
注11 Webアプリケーションなどを経由してサーバのOSコマンド（基本ソフトウェアを操作するための命令）を不正に操作する攻撃のこと。

表2-1-1 ● VTechの個人情報の漏えい件数

国	保護者のアカウント	子どもの個人情報
米国	2,221,863	2,894,091
フランス	868,650	1,173,497
英国	560,487	727,155
ドイツ	390,985	508,806
カナダ	237,949	316,482
その他	168,394	223,943
スペイン	115,155	138,847
ベルギー	102,119	133,179
オランダ	100,828	124,730
アイルランド	40,244	55,102
南アメリカ	28,105	36,716
オーストラリア	18,151	23,096
デンマーク	4,504	5,547
ルクセンブルク	4,190	5,014
ニュージーランド	1,585	2,304

出所:「FAQ about Cyber Attack on VTech Learning Lodge」(VTech)
https://www.vtech.com/en/press_release/2016/faq-about-cyber-attack-on-vtech-learning-lodge/

には付属サービスとしてクラウド上のストレージを利用できましたが、クラウドに不正アクセスが発生し、情報が漏えいしてしまいました。

これらにより、FTCは消費者をリスクにさらしたと主張し、罰金1万6,000米ドル(約180万円)および今後のセキュリティ管理プログラムの策定と実行、今後20年間において第三者によるセキュリティ管理態勢の評価実施を義務づけました[注12](図2-1-2)。

これら4件の訴訟は、脆弱なIoT機器が起因してプライバシー侵害が

注12　https://www.ftc.gov/enforcement/cases-proceedings/142-3156/asustek-computer-inc-matter を参照。

図2-1-2 ● ASUSとの和解に関するプレスリリース

ASUS Settles FTC Charges That Insecure Home Routers and "Cloud" Services Put Consumers' Privacy At Risk

SHARE THIS PAGE

FOR RELEASE
February 23, 2016

TAGS: deceptive/misleading conduct | Technology | Bureau of Consumer Protection | Consumer Protection | Privacy and Security | Consumer Privacy | Data Security

Taiwan-based computer hardware maker ASUSTeK Computer, Inc. has agreed to settle Federal Trade Commission charges that critical security flaws in its routers put the home networks of hundreds of thousands of consumers at risk. The administrative complaint also charges that the routers' insecure "cloud" services led to the compromise of thousands of consumers' connected storage devices, exposing their sensitive personal information on the internet.

The proposed consent order will require ASUS to establish and maintain a comprehensive security program subject to independent audits for the next 20 years.

"The Internet of Things is growing by leaps and bounds, with millions of consumers connecting smart devices to their home networks," said Jessica Rich, Director of the FTC's Bureau of Consumer Protection. "Routers play a key role in securing those home networks, so it's critical that companies like ASUS put reasonable security in place to protect consumers and their personal information."

ASUS marketed its routers as including numerous security features that the company claimed could "protect computers from any unauthorized access, hacking, and virus attacks" and "protect [the] local network against attacks from hackers." Despite these claims, the FTC's complaint alleges that ASUS didn't take reasonable steps to secure the software on its routers.

出所:「ASUS Settles FTC Charges That Insecure Home Routers and "Cloud" Services Put Consumers' Privacy At Risk」(FTC) https://www.ftc.gov/news-events/press-releases/2016/02/asus-settles-ftc-charges-insecure-home-routers-cloud-services-put

発生したことに対して、消費者保護を司るFTCが「FTC法第5条」または「COPPA法」に基づいて執行に至ったと考えられます。中でもASUS社の訴訟では、特に脆弱性が発見された後の対応の遅さにも着目しています。

● D-Link（2017年）

2017年1月、FTCはD-Linkを相手に訴訟を行っています。D-LinkのIPカメラおよびルータには、次のような脆弱性がありました。

- IDとパスワードがハードコーディングされ、容易にカメラの映像にアクセスできてしまう（しかもIDとパスワードともに「guest」等）。
- コマンドインジェクションの脆弱性があり、インターネット経由で

ルータが乗っ取られてしまう。
- D-Linkソフトウェアへのログインに使用するプライベートキーコードが、誰でもアクセスできるWebサイト上に6カ月間も放置された。
- モバイルアプリ内のIDとパスワードが平文（暗号化されていない文字列）で保管されている。

これに対してD-Linkは反論を出し、両者は平行線をたどっていましたが、2017年9月にカリフォルニア州の地方裁判所がFTCの主張の一部に対し、「実質的な被害が生じていない」という点を考慮して棄却し、訴状の再提出を指示しました[注13]。しかし、裁判の結論によっては、脆弱性管理が不十分であるだけでFTCが訴状を提出して主張が通るという前例になる可能性があります。

今後、最低限のセキュリティ管理態勢が整備されていないIoT機器の製造業者に対して、FTCがセキュリティやプライバシーという大義名分によって、米国市場に流通するIoT機器の足切り条件を設定したと考えることもできます。さらに近い将来、最低限のIoTのセキュリティやプライバシー管理水準が、事実上の非関税障壁となり、日本企業への輸出の前提条件になる可能性も考えられます。

4 その他の社会的な批判に至った事例

こうしたセキュリティ問題が原因となり、実際に社会的な批判や製品のリコールが発生した事例を紹介しましょう。

● Jeep Cherokeeの車載システムのハッキング

セキュリティ企業「IOActive」の研究者であるCharlie Miller氏とChris Valasek氏は、FCA（Fiat Chrysler Automobiles）社のJeep Cherokee

---

注13　http://www.unfairtradepracticesnc.com/wp-content/uploads/2017/10/FTC-v.-D-Link-Systems.pdf を参照。

（ジープチェロキー）に搭載した車載システム「UConnect」の脆弱性を突いてハッキングし、遠隔からエアコンやラジオ、ワイパーを操作し、さらにトランスミッション（変速機、ギア）の操作を妨害し、エンジンを停止するなどの遠隔操作に成功しました。この模様は米国のメディアWIREDで動画が公開されました[注14]。ハッキング手法の概要は次の通りです[注15]。

- 研究者は手元のPCから米大手通信事業者Sprint社のSIMカードを挿したスマートフォンとテザリングし、Sprintの3Gネットワーク内をスキャン、UConnectを搭載する車体を探索できた。

  原因：コマンドを送信すると、車体識別番号（VIN）、製造業者名およびモデル、IPアドレス、位置情報等を応答する仕様だった。

- 発見したUConnectを搭載する車載機に接続し、プロセス間メッセージ機能であるD-Bus[注16]経由で特権コマンドを実行できた。

  原因：一般的に情報系ECU（電子制御ユニット）は、ボディ系・駆動系ECUと通信できないが、次のV850コントローラ（32ビットの車載マイコン）とは通信が可能だった。

- V850コントローラのファームウェアを書き換えられた。

  原因：CAN（Controller Area Network）バス（車載用ネットワークの通信線）の通信を取得できるが、CANバスにコマンドを送信できないので、コントローラのファームウェアを書き換えた。なお、書き換えに際し認証不要であったが、仮に認証が必要であったとしても脆弱性を突いて書き換え可能だった。

- CANバスに対してコマンドを送信できた。

  原因：ボディ系・駆動系ECUを操作できた（図2-1-3）。

注14　出所：「HACKERS REMOTELY KILL A JEEP ON THE HIGHWAY – WITH ME IN IT」（WIRED）
https://www.wired.com/2015/07/hackers-remotely-kill-jeep-highway/

注15　詳細は研究者によるホワイトペーパー「Remote Exploitation of an Unaltered Passenger Vehicle」(Dr. Charlie Miller、Chris Valasek)を参照。　http://illmatics.com/Remote%20Car%20Hacking.pdf

注16　複数のプログラムの間で情報を交換するシステム。メッセージバスとも呼ばれる。

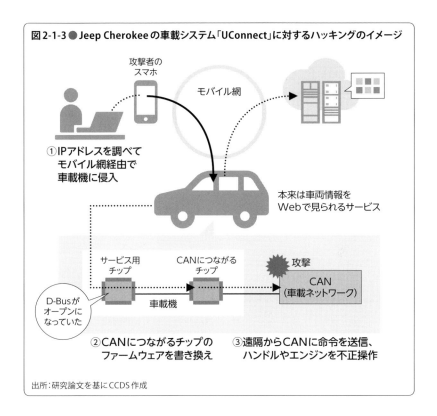

図2-1-3 ● Jeep Cherokeeの車載システム「UConnect」に対するハッキングのイメージ

出所：研究論文を基にCCDS作成

●リコールへの対応と莫大な費用損失

　研究者は、遠隔操作ができることを公表する前からFCA社とコミュニケーションを取っており、同社はUConnectの脆弱性を解消するファームウェアアップデートを配信していました。しかし、WIREDに掲載された動画の影響は大きく、多数の報道により世間の注目を浴びることとなりました。そしてFCA社および米国国家道路交通安全局（NHTSA）[注17]は、UConnectの脆弱性が影響を与える可能性のある約140万台の車を対象に、リコールを発表しました[注18]。

注17　National Highway and Transportation Safety Administration
注18　出所：「Safety Recall R40 / NHTSA 15V-461 Radio Security Vulnerability」（FCA）
　　　https://static.nhtsa.gov/odi/rcl/2015/RCRIT-15V461-7681.pdf

今注目すべきIoTセキュリティトピック②：訴訟やプライバシーにまつわる規制

　FCA社はリコール対応として、所有者の自宅にファームウェアを保存したUSBメモリを郵送で配布しました。そして、所有者自身でアップデート作業を行うか、またはディーラーに作業を依頼するかを選択できるようにしました。このとき、ディーラーが行うセキュリティアップデート作業についてのコストをFCA社が負担することとなりました。

　セキュリティ企業のESET社のリサーチャーは、全所有者がディーラーに持ち込んだと仮定すれば1,000万米ドル（約11億3,000万円）程度の費用が発生したと推計しています注19。ただし、FCA社が実際に計上しなければならなかったコストについては、同社は公表していません。正確な数値は算出できませんが、140万台の車体オーナー向けに配布するUSBメモリについては、USBメモリ本体、ファームウェア保存作業の工数、配送料で少なく見積もっても、1本あたり10米ドル（約1,130円）は要したのではないかと推測されています（FCA社の内部リソースで、140万本のUSBメモリの保存作業をすべてこなしたとは考えられず、外部発注した可能性もあります）。これだけでも1,400万米ドル（約15億8,200万円）は下らないでしょう。また、広告掲載や問い合わせ用のコールセンター立ち上げ等のコストも発生したことも想像に難くなく、後述するように訴訟も提起されたことから、日本円に換算して約数十億円のコストを要したのではないかと考えられます（図2-1-4）。

● **自動車のセキュリティに関する新たな法案**
　　「SPY Car Act of 2015」の成立

　リコール公表後にはFCA社に対して複数の訴訟が提起されましたが、裁判所は脆弱性が解消したことをもって、生命・身体に危害を加えるも

注19　出所：「Cybersecurity and manufacturers: what the costly Chrysler Jeep hack reveals」（welivesecurity） https://www.welivesecurity.com/2015/07/29/cybersecurity-manufacturing-chrysler-jeep-hack/

図2-1-4 ● リコール発表資料のディーラー作業工数についての説明抜粋

Completion Reporting and Reimbursement

Claims for vehicles that have been serviced must be submitted on the DealerCONNECT Claim Entry Screen located on the Service tab. Claims submitted will be used by FCA to record recall service completions and provide dealer payments.

Use one of the following labor operation numbers and time allowances:

	Labor Operation Number	Time Allowance
Inspect radio software level	18-R4-01-81	0.2 hours
Reprogram radio software	18-R4-01-82	0.4 hours
Create USB Jump Drive from CD or UCONNECT Website	18-R4-01-83	0.2 hours

Add the cost of the recall parts package plus applicable dealer allowance to your claim.

NOTE: See the Warranty Administration Manual, Recall Claim Processing Section, for complete recall claim processing instructions.

出所:「Safety Recall R40 / NHTSA 15V-461Radio Security Vulnerability」(FCA)
https://static.nhtsa.gov/odi/rcl/2015/RCRIT-15V461-7681.pdf

のではないと判断し、一部の請求を棄却しました[注20]。しかし、いまだ継続中の訴訟もあり、また棄却された原告もまだ争う姿勢を見せているため、完全に終息したとはいえない状態にあります[注21]。

また、リコールの公表とタイミングを合わせて、米上院のEdward Markey議員らが法案「Security and Privacy in Your Car Act of 2015」、通称「SPY Car Act of 2015」を提出しました。NHTSAにはサイバーセキュリティ標準、FTCにはプライバシー標準の制定を要求し、法案成立

注20 出所:「Fiat Chrysler Remote Hacking Class Action Survives Motion to Dismiss」(Top Class Actions) https://topclassactions.com/lawsuit-settlements/lawsuit-news/345523-fiat-chrysler-remote-hacking-class-action-lawsuit-survives-motion-dismiss/

注21 出所:「Plaintiffs Push For Certification in Jeep Hacking Class Action Lawsuit」(Top Class Actions) https://topclassactions.com/lawsuit-settlements/lawsuit-news/823640-plaintiffs-push-certification-jeep-hacking-class-action-lawsuit/

第2章 今注目すべきIoTセキュリティトピック②：訴訟やプライバシーにまつわる規制

後18カ月以内にルール作りに着手し、3年以内にルールを確定させました。この法案はその2年以内に、米国で流通する新車すべてに適用するものとしています注22。

2016年には、NHTSAがサイバーセキュリティの脆弱性が車両安全に与えるリスクを許容可能な水準まで引き下げることを目的に、すべての車両を対象としたベストプラクティス（現時点での最善と思われる策）として、「Cybersecurity Best Practices for Modern Vehicles」を発行しました注23。

1つの動画が与えた影響は大変大きく、FCA社のリコールのみならず、法案提出や基準策定にまで波及することとなりました。

2.2 IoT時代に求められるプライバシー管理

皆さんは「Privacy by Design」（プライバシー・バイ・デザイン）という言葉を聞いたことがあるでしょうか。「Security by Design」（セキュリティ・バイ・デザイン）とともに言及される機会も増えており、耳にした方もいるでしょう。Privacy by Designという言葉の起源自体は、1990年代にカナダのオンタリオ州情報＆プライバシーコミッショナー（IPC：the Office of the Information and Privacy Commissioner）でAnn Cavoukian（アン・カブキアン）博士が提唱したものとされています（図2-2-1）。

日本では、Privacy by Designという単語を聞くことはあっても、具体的に何をすればよいのかについての議論に乏しく、これから本格的な検

注22 法案はEdward Markey上院議員のWebサイトから閲覧可能。 https://www.markey.senate.gov/imo/media/doc/SPY%20Car%20legislation.pdf

注23 出所：「Cybersecurity Best Practices for Modern Vehicles」（NHTSA）　http://www.nhtsa.gov/staticfiles/nvs/pdf/812333_cybersecurityForModernVehicles.pdf

図2-2-1 ● Ann Cavoukian 博士が提唱する Privacy by Design の考え方

Privacy by Designの7つの要素

- 事後的ではなく、事前に行う。救済的でなく予防的に
- 初期設定としてのプライバシー
- デザインに組み込まれるプライバシー
- ゼロサムではなく、ポジティブサム（プライバシーとビジネスを両立）
- 個人情報のライフサイクル全体を保護するセキュリティ
- 可視性と透明性、情報公開
- 利用者のプライバシーの尊重

出所：「7つの基本原則」（総務省） http://www.soumu.go.jp/main_content/000196322.pdf

---

討が始まるという状況にあります。IoT推進コンソーシアム[注24]が発行した「IoTセキュリティガイドライン」等のIoTセキュリティに関連するガイドラインにおいても、現状では十分に解説されていません。一方で、プライバシー保護意識が高いとされるEUでは、第4章で紹介する「GDPR」（General Data Protection Regulation、一般データ保護規則）という法制度によって、IoT機器で取得したパーソナルデータの管理が厳しくなっています。

　Privacy by Designとは、サービスの企画段階でプライバシー要件を検討し、サービスおよびシステム開発に、プライバシー侵害のリスクを低減するための機能を埋め込む一連の活動を示すものです。企画段階から検討することは、Security by Designと類似しています。

　ここでは、海外と日本でそれぞれ発生したプライバシー問題、そしてPrivacy by Designをサービスおよびシステム開発のプロセスに取り込むためのポイントについて紹介します。

注24 総務省と経済産業省がIoTに関係する技術開発やビジネス創出の推進を目的に設立した産学官連携の組織。平成27（2015）年10月23日に設立。http://www.iotac.jp/

今注目すべきIoTセキュリティトピック②：訴訟やプライバシーにまつわる規制

1　ドイツで発生したIoT玩具の販売停止命令

●盗聴器として販売停止に追い込まれたIoT人形「Cayla」

　2014年、ドイツのGenesis Toys社は「Cayla」（カイラ）という人形を発売しました。CaylaはIoT化されており、子どもがCaylaに話しかけると、Caylaはマイクとカメラで情報を収集し、クラウドでデータを分析しておしゃべりをします。知育玩具として期待されている最新のIoT機器でした。

　しかし、Caylaが盗聴装置であるとのショッキングな指摘がなされました。2016年にノルウェーの消費者委員会が調査したところ、Caylaと同社から発売されている「i-Que」（アイ・キュー）という子ども向けロボットのリスクについて、次のような問題点が指摘されました[注25]。

①Bluetooth接続でスマートフォンからコントロールできるが、会話用のボタン等がないので、常時録音されるリスクがある。また、人形を乗っ取って任意の音声メッセージを発することもできてしまう。

②利用規約に違法性がある。「告知なしに変更される利用条件」にも同意しなければ、Caylaを利用できない。現時点において個人情報を悪用することがないとしても、将来的に個人情報を収集したうえでターゲット広告を出す第三者に、情報を共有するという可能性があり、その際には消費者の同意が不要になってしまう。つまり、情報がいつ収集され、どこに転送され、どのように使われるのかについて消費者が知ることができない。

③マイクで収集した音声情報が、AIの技術パートナーであるNuance Communications（ニュアンス・コミュニケーションズ）社に転送される。そして、同社は、様々な目的で得られた情報を利用する権利

注25　出所：「Complaint regarding user agreements and privacy policies for internet-connected toys –the Cayla doll and i-Que robot」（Forbrukerradet）　https://fil.forbrukerradet.no/wp-content/uploads/2016/12/complaint-dpa-co.pdf　動画でも解説されている。https://www.youtube.com/watch?v=lAOj0H5c6Yc

を有している。

④違法なマーケティングを目的としたプログラミングがなされている。Caylaはディズニー映画について魅力的に話す傾向があり、アプリケーション開発業者がディズニーと提携している。

この報告を受けて、2017年2月にドイツの連邦ネットワーク規制庁であるBundesnetzagenturが、Caylaをドイツ電気通信法第90条[注26]が定める監視用機器であるとみなし、国内での販売・使用・所持を禁止しました[注27]。

●スマートウォッチにも破壊指示が出された

さらに2017年10月には、同じくノルウェー消費者委員会が複数のスマートウォッチを対象にセキュリティおよびプライバシーにおけるリスクについて調査し（図2-2-2）、スマートウォッチから周囲の音を無断で聞けること、現在地やヘルスデータ等を盗み出すことができることを指摘しました。

これを受けてBundesnetzagenturは、2017年11月、5歳から12歳の児童を保護するため、このようなスマートウォッチの販売・購入を禁止し、すでに持っているスマートウォッチの破壊を指示しました[注28]。

注26 https://www.gesetze-im-internet.de/tkg_2004/__90.html を参照。

注27 出所：「Bundesnetzagentur removes children's doll "Cayla" from the market」（Bundesnetzagentur） https://www.bundesnetzagentur.de/SharedDocs/Pressemitteilungen/EN/2017/17022017_cayla.html

注28 「Bundesnetzagentur takes action against children's watches with "eavesdropping" function」（Bundesnetzagentur） https://www.bundesnetzagentur.de/SharedDocs/Downloads/EN/BNetzA/PressSection/PressReleases/2017/17112017_Verbraucherschutz.pdf?__blob=publicationFile&v=4

図2-2-2 ● スマートウォッチのリスクに関する調査結果

項目 \ 種類	Gator	Tinitell	Viksfjord SeTracker	Xplora
登録時に同意が求められる	×	○	×	×
条件が変更された場合通知される	×	×	×	×
個人データはマーケティング目的に使用されない	×	?	?	×
データをアプリケーションで削除できる	×	×	?	?
位置情報は一定の時間の後、自動削除される	×	×	×	×
ユーザーアカウントを削除できる	×	×	×	×
合理的なセキュリティ基準の設定を約束する	×	○	×	×
個人データがどこに送信され、保存されるか、明確化される	×	×	×	×

出所:「#WatchOut-Analysis of smartwatches for children」(Forbrukerradet)
https://fil.forbrukerradet.no/wp-content/uploads/2017/10/watchout-rapport-october-2017.pdf

2 日本でも求められる利便性とプライバシー保護の両立

● JR東日本のSuica利用者データの提供

2013年6月、JR東日本はICカードのSuica(スイカ)利用データから氏名、電話番号を削除、生年月日を生年月に変換、そしてSuicaIDを不可逆的な異なる識別子に変換したデータを、日立製作所に販売しました。日立製作所としては、駅エリアの利用目的や利用者構成等をレポートとして他社に販売し、このデータを購入する事業者は、駅エリアの集客力や潜在商圏の広さ、通勤圏、駅エリアを最寄り駅とする居住者の規模や構成等を把握し、出店計画や立地評価、広告・宣伝計画等に活用できる

という、ビッグデータ利活用ビジネスを目指したものでした[注29]。

　しかし、日立製作所がプレスリリースを出してから、JR東日本および日立製作所はSuica利用者から個人情報の保護、およびプライバシーの保護意識に欠けているというクレームを受け、JR東日本はデータの販売中止を決めました。その後、JR東日本は「Suicaに関するデータの社外への提供に関する有識者会議」を立ち上げ、2015年11月に有識者会議は検討を終えましたが[注30]、執筆時点においても、そのビジネスは再開されていません[注31]。

　Suica利用者からのクレームを受ける以前のJR東日本の考えでは、個人を特定できないように削除・加工をしてあることから、個人情報保護法で定義される個人情報ではないというものでした。しかし、適法であったとしても多数のクレームを受ければ、社会的な批判やレピュテーションリスク（信用の失墜）にさらされるため、中断に至ったと思われます。

　データ利活用とプライバシー保護のバランスが取れておらず、違法性が指摘された、もしくは適法であっても問題視されてしまうことで、ひとたび社会問題化すると、容易にサービスを再開できず、事実上中止にせざるをえない可能性があります。また、本人から再同意を取り付ける必要性が生じた場合も、十分な人数の個人から再同意を取り付けることは難しく、再開は現実的ではありません。十分なデータがなければサービスの価値は低下するので、プライバシー管理の不備は、事業レベルのリスクに発展します。

●パーソナルデータ提供の許容度（総務省）

　ここで日本におけるプライバシー意識について、総務省のアンケートを紹介しましょう。

注29　http://www.hitachi.co.jp/New/cnews/month/2013/06/0627a.html を参照。
注30　出所：「Suicaに関するデータの社外への提供に関する有識者会議「とりまとめ」の受領について」
　　　（東日本旅客鉄道株式会社）　https://www.jreast.co.jp/press/2015/20151115.pdf
注31　http://www.hitachi.co.jp/products/it/bigdata/field/statica/ を参照。

第2章 今注目すべきIoTセキュリティトピック②：訴訟やプライバシーにまつわる規制

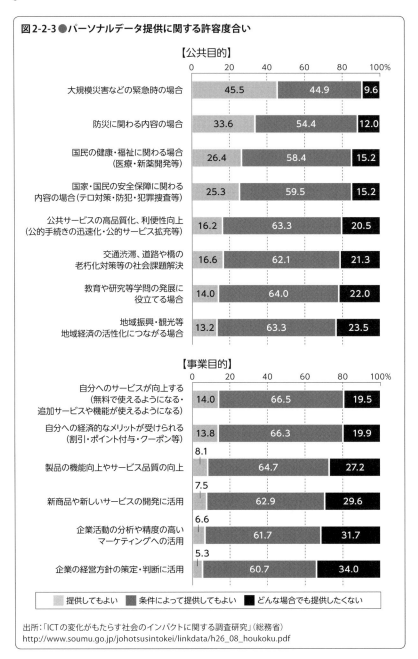

図2-2-3 ●パーソナルデータ提供に関する許容度合い

【公共目的】

項目	提供してもよい	条件によって提供してもよい	どんな場合でも提供したくない
大規模災害などの緊急時の場合	45.5	44.9	9.6
防災に関わる内容の場合	33.6	54.4	12.0
国民の健康・福祉に関わる場合（医療・新薬開発等）	26.4	58.4	15.2
国家・国民の安全保障に関わる内容の場合（テロ対策・防犯・犯罪捜査等）	25.3	59.5	15.2
公共サービスの高品質化、利便性向上（公的手続きの迅速化・公的サービス拡充等）	16.2	63.3	20.5
交通渋滞、道路や橋の老朽化対策等の社会課題解決	16.6	62.1	21.3
教育や研究等学問の発展に役立てる場合	14.0	64.0	22.0
地域振興・観光等地域経済の活性化につながる場合	13.2	63.3	23.5

【事業目的】

項目	提供してもよい	条件によって提供してもよい	どんな場合でも提供したくない
自分へのサービスが向上する（無料で使えるようになる・追加サービスや機能が使えるようになる）	14.0	66.5	19.5
自分への経済的なメリットが受けられる（割引・ポイント付与・クーポン等）	13.8	66.3	19.9
製品の機能向上やサービス品質の向上	8.1	64.7	27.2
新商品や新しいサービスの開発に活用	7.5	62.9	29.6
企業活動の分析や精度の高いマーケティングへの活用	6.6	61.7	31.7
企業の経営方針の策定・判断に活用	5.3	60.7	34.0

出所：「ICTの変化がもたらす社会のインパクトに関する調査研究」（総務省）
http://www.soumu.go.jp/johotsusintokei/linkdata/h26_08_houkoku.pdf

2.2 IoT時代に求められるプライバシー管理

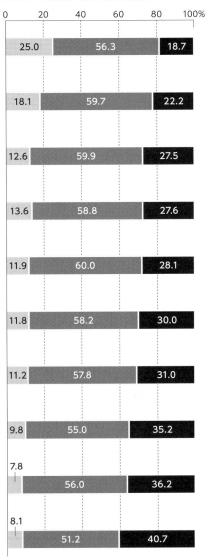

図2-2-4 ●具体的な事例におけるパーソナルデータ提供に関する許容度合い

出所:「ICTの変化がもたらす社会のインパクトに関する調査研究」(総務省)
http://www.soumu.go.jp/johotsusintokei/linkdata/h26_08_houkoku.pdf

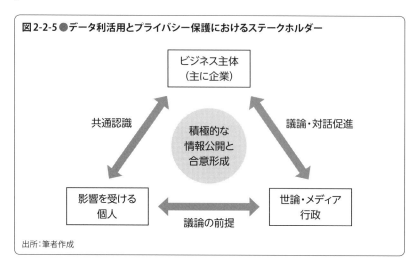

図2-2-5 ●データ利活用とプライバシー保護におけるステークホルダー

出所:筆者作成

　パーソナルデータ提供の許容度については、公共目的と事業目的で傾向が分かれるようです。公共目的の場合、大規模災害等の緊急時、防災、国民の健康・福祉等、安心・安全を確保する目的であれば許容度が高く、一方、快適性・利便性を追求する目的の場合は許容度が低い傾向があります。また事業目的の場合、利用者自身が直接的なメリットを受けられる場合は許容度が高く、製品の機能向上や新商品・サービス活溌に活用といったものは許容度が低い傾向があります（図2-2-3、54ページ）。

　さらに、パーソナルデータ提供に関する許容度について、総務省の同調査で個別の例を挙げて調査したところ、やはり利用目的の公共性が高いものほど許容度が高くなる傾向になっています（図2-2-4、55ページ）。

　IoT化によりビッグデータが肥大化し、分析することで新たなビジネスチャンスが生まれることは間違いありません。しかし、プライバシー保護に留意する必要があるデータの場合、データ提供元の本人を含めたステークホルダーとの合意形成が重要になります（図2-2-5）。

3　Privacy by Design（プライバシー・バイ・デザイン）のポイント

　サービス開発にPrivacy by Designを取り込むためのポイントについて概説します。IoT機器から人に関するデータを取得する場合には、企画の段階でSecurity by DesignとPrivacy by Designの双方を取り入れることがあります（図2-2-6）。

　ここにおいては、Privacy by Designを実践するために重要なPIA（Privacy Impact Assessment、プライバシー影響評価）について、一部フランスのCNIL[注32]が発行するPIAマニュアルを参考にしながら概説を加えていきます。PIAとは、個人情報の収集を伴う新たなサービスまたは情報システムの導入にあたり、プライバシーへの影響度を"事前"に評価し、その回避または緩和のための法制度・運用・技術的な変更を促すための一連の活動です（図2-2-7）。

●利用データと分析方法、サービスの洗い出し

　このステップは、PIAを実施するうえで最も重要です。構築する予定のサービスおよびシステムで利用するデータの種類を洗い出し、どのような分析を行い、分析の結果はどのようなデータが生成されるか、そして生成されたデータを何に使うかについて整理します。

　情報処理を単純化すると、インプット、プロセッシング、アウトプットに分けてデータを定義しますが、構築予定のサービスおよびシステムも同じように整理します。

●プライバシー影響度の評価

　次のステップでは、収集する、もしくは生成されるデータの機微度を定義し、それらのデータが及ぼすプライバシーへの影響度を評価します。

注32　Commission nationale de l'infromatique et des libertes、情報処理及び自由に関する国家委員会。フランスにおける独立した個人情報保護に関する規制・監督機関である。

今注目すべきIoTセキュリティトピック②：訴訟やプライバシーにまつわる規制

図2-6 ● Security by DesignとPrivacy by Designを組み込んだプロセス

	企画 構想策定	要件定義	設計・開発	試験	運用 維持管理
	・サービス/事業計画の検討 ・プロジェクト計画の策定 ・業務要求事項の整理	・システム要件の策定 ・ユースケースの定義 ・要求トレサビリティマトリクス（RTM）の作成	・システムの方式検討 ・システム環境定義 ・システム運用定義	・テスト計画策定 ・テストシナリオ設計/実施 ・UAT設計・実施	・システム運用 ・システム稼働状況モニタリング ・改善計画の策定
Security by Design	・対象サービスにおけるセキュリティに関する要求事項（法制、規制、内規程等）の整理 ・対象サービスのセキュリティ方針の策定	・IoT観点のリスクシナリオを策定（脆弱性、脅威の洗い出し、リスクアセスメントを実施 ・セキュリティ対策方針の検討およびセキュリティ要件見直し	・セキュリティ要件を実現するための方式検討、機能/非機能設計、運用設計、ソリューション選定を実施 ・要件トレサビリティの確認	・リスクシナリオへの対応およびセキュリティ要件の充足性を確認するためのテスト設計 ・脆弱性スキャン/ペネトレーションテストの実施	・サイバーセキュリティ動向の調査 ・セキュリティ要求の見直しおよび変更管理 要求事項の充足 整合性の維持
Privacy by Design	・対象サービスにおけるプライバシーに関する要求事項（法制、規制、内規程等）の整理 ・対象サービスのプライバシー保護方針の策定	・PIA（Privacy Impact Assessment）によるリスクアセスメントの実施 ・プライバシー保護方針の検討およびプライバシー要件見直し	・プライバシー要件を実現するための方式検討、機能/非機能設計、運用設計、ソリューション選定を実施 ・要件トレサビリティの確認	・PIAのアセスメント結果への対応およびプライバシー要件の充足性を確認するためのテスト設計	・プライバシー関連法制、社会動向の調整 ・プライバシー対応方針の見直しおよび変更管理 要求事項の充足 整合性の維持

出所：Security Online Day 2017講演「システムを設計する際時からセキュリティを組み込む〜Security by DesignとPrivacy by Design」（デロイト トーマツ リスクサービス北野晴人氏）

図2-2-7 ● PIA（プライバシー影響評価）の大まかな流れ

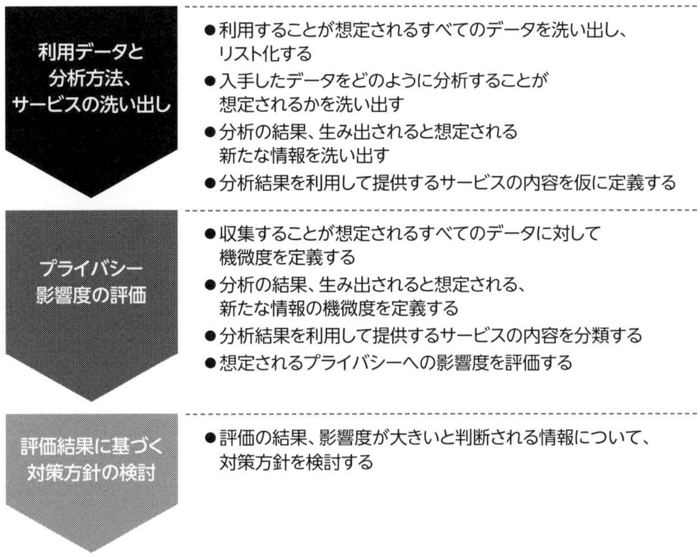

利用データと分析方法、サービスの洗い出し
- 利用することが想定されるすべてのデータを洗い出し、リスト化する
- 入手したデータをどのように分析することが想定されるかを洗い出す
- 分析の結果、生み出されると想定される新たな情報を洗い出す
- 分析結果を利用して提供するサービスの内容を仮に定義する

プライバシー影響度の評価
- 収集することが想定されるすべてのデータに対して機微度を定義する
- 分析の結果、生み出されると想定される、新たな情報の機微度を定義する
- 分析結果を利用して提供するサービスの内容を分類する
- 想定されるプライバシーへの影響度を評価する

評価結果に基づく対策方針の検討
- 評価の結果、影響度が大きいと判断される情報について、対策方針を検討する

出所：筆者作成

- 個人情報保護法で定める要配慮情報のような特別に注意を払うことが必要とされる情報、またはデータ分析の結果個人の行動や嗜好を踏まえたパーソナライズする情報は機微度が高くなります。
- 影響度を評価する際、個人情報の漏えいだけでなく、プライバシー侵害に対する評価も必要になります。
- プライバシー侵害による社会的な批判等は、ビジネスレベルのリスクとなるため、事業への影響度も併せて評価することが望まれます。

●評価結果に基づく対策方針の検討

最後のステップでは、評価結果を基にリスク対応策を決め、プライバシー要件として定義します（表2-2-1）。リスクが高いサービスを実施する場合には、「低減」「受容」「回避」といった対応が必要になります。リスク回避は、リスクを生み出す元となるサービスを断念することを意味す

表2-2-1 ●プライバシーデータの機微度の定義例

タイプ	機微度	カテゴリー	具体例
Common Personal data	1	IDデータ (Identification data)	氏名、年齢、性別、メールアドレス、電話番号、会員番号、会員種別、会員ステータス、顧客番号、製品番号、商品ID、購入都市(products purchased)、住所、郵送先 等
		コネクション・データ (Connection data)	接続元IPアドレス、サーバ上の履歴(イベントログ)等のネットワーク接続関連情報
	2	職務に関連するデータ (Professional life)	勤務先情報、勤続年数、職業、学歴、職業訓練歴、受賞歴 等
		経済的データ (Economic and Financial data)	収入(income level)、財務状況、納税状況 等
	3	私生活に関するデータ (Personal life)	プロフィール、趣味(Activity)、PCスキル(Computer skill)、写真歴(photography role)、イベント参加履歴(Nikon school attend, latest nikon school)、オンライン写真添削受講履歴、問い合せ方法 等
		ロケーション・データ (Location data)	旅行先情報、GPSデータ、GSMデータ 等(リアルタイムの位置情報)
Personal data perceived as sensitive		社会保障番号 (Social Security Number)	社会保障番号、国民識別番号、マイナンバー
		生体情報 (Biometric data)	指紋、虹彩、DNA 等
		銀行口座情報 (Bank data)	銀行情報(振替口座)、決済方法、入金履歴、クレジットカード番号
"Sensitive" Personal data	4	起源に関するデータ (Racial or ethnic Origin)	人種(Ethnicity)、民族、出生地 等
		内心に関するデータ (Political, religious Opinions)	政治的意見、思想・信条等が表現されたデータ
		健康および性生活に関するデータ (Data concerning Health or sex life)	障碍者手帳番号、婚姻状況(martial status)、健康状態や性的嗜好等が判断できるデータ
		犯罪歴および有罪判決に関するデータ (Criminal convictions)	逮捕歴、有罪判決を受けた記録等

出所:「PIA Manual 2 – Tools (templates and knowledge bases)」を基にデロイト トーマツ リスクサービス作成

るので、可能な限りリスク低減ができないかを最初に検討することになります。

● **Privacy by Designにおける手戻り回避の工夫**

　サービスまたはシステムを構築する前にデータ分析の用途を洗い出しておくことは重要ですが、データが収集されてから新しい活用方法に気付くこともあります。その場合、データを収集する際に本人に取り付けた同意内容と異なる目的外利用となる可能性があります。しかし、収集したデータは、いかなる用途であっても自由に使えるという規約にしてしまうと社会的な批判に発展しかねないことから、再同意を取り付ける必要があります（表2-2-2）。

　Webサービスやスマートフォンのアプリケーションであればディスプレイで規約変更に同意を促すといった誘導もできますが、IoT機器の場合、そもそもディスプレイをもっていないケースもあります。また、利用者からみてIoT機器は何をしているかがわかりづらく、不安をあおりやすいという特徴もあります。

　パーソナライズされたサービスでは、IoT機器を利用する場合、サービス提供のためにアクティベーション（サービスの有効化）に相当する目的で、最初にWebサイトにアカウントを作成させ、定期的にWebサイトにアクセスさせるような仕組み（機器のLEDランプで知らせるなど）が必要になるかもしれません。一方、頻繁にWebサイトに誘導することは、スムーズな利用を阻害することにもなりえるので、最小限に留められるように事前に検討しておく必要があります。サービス企画の初期段階、つまりビジネスモデル検討の段階からPrivacy by Designを組み込む企画体制をもつことが望まれます（図2-2-8）。

今注目すべきIoTセキュリティトピック②：訴訟やプライバシーにまつわる規制

表2-2-2 ●プライバシー問題を引き起こす脅威と取り組み不備の例

行為	脅威の例	事業者の取組における不備の例
不法侵入	**他人の干渉を受けずに送っている私生活に侵入する**	
	・路上から私有地(家屋、庭等)の風景を撮影される。	・所有者等から同意を取得していない。
	・不要な商品・サービス、個人が意図しないダイレクトメールが送付される。	・Opt-inの仕組みが構築されていない。同意取得の方法に不備がある。
私的事実の公開	**他人に知られたくない私的事項を公開する**	
	・個人が特定可能な状態で逮捕歴や前科等、知られたくない情報が公開される。	・サービスに不要な情報(特にセンシティブデータ)を収集してはならないというポリシー、法令に基づいた同意取得と、それらを実行するシステム実装の欠如。
	・本人が秘匿したい私的事実が名寄せによって明らかとなり、事業者に知られることにより望まない形で宣伝メール、電話等の営業的なコンタクトを受ける。	・本人の同意を得ずに、名寄せを実施し、サービスに利用した。 ・同意を取得したが、取得の方法や内容に不備があった。 ・個人が想定できない範囲での利用目的変更を実施し、同意の再取得を行なわなかった。
	・本人が意図しない個人情報や、プロファイリングで推定された嗜好に関する情報等が第三者に提供される。	・第三者提供に関する同意を得ていないか、同意取得の方法、内容に不備があった。
	・プロファイリングにより、本人の意図しない形で本人の嗜好が推測され、販売活動に利用される。	・本人の同意を得ずに、プロファイリングが行なわれた。
	・本人が秘匿したい私的事実が名寄せによって明らかとなり、公開される。	・本人の同意を得ずに、名寄せを実施した。
公衆の誤認	**ある事実を公開することによって他人に自己の真の姿と異なる印象を与える**	
	・プロファイリングにより、本人の意図しないラベリング(嗜好や特徴等の情報を付加し、特定のイメージを生む)が実施される。	・本人の同意を得ずに、プロファイリングが行われた。
	・誤った事実がインターネット上に公開される。	・個人データの正確性の維持が正しく行われていない。
盗用	**氏名や肖像を他人が利得のために使用(盗用)する**	
	・有名人の私的な生活等の場面を撮影し、週刊誌に掲載される(プライバシー権)。	・本人の同意を得ずに撮影した。
	・有名人の写真等を、本人(または権利の管理者)の同意を得ずに販売し経済的利益を得る(パブリシティ権)。	・本人の同意を得ずに撮影、販売した。
	・自己の容貌が写っている画像データを利用した広告が配布される。	・データの利活用に関するポリシーの欠如。
	・肖像権の侵害	・本人の同意を得ずに、画像データを利用した。

出所：「PIA Manual 2 – Tools (templates and knowledge bases)」を基にデロイト トーマツ リスクサービス作成

2.2 IoT時代に求められるプライバシー管理

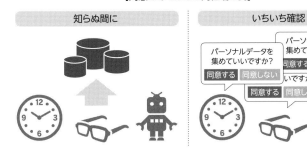

図2-2-8 ● IoTにおいては同意取得が困難

出所:改正個人情報保護法等を踏まえたプライバシー保護検討タスクフォース(第4回)配布資料
「IoTプライバシーの技術的考察」(総務省)　http://www.soumu.go.jp/main_content/000414936.pdf

第3章

今注目すべき
IoTセキュリティトピック③：
AI技術の進化と
セキュリティ応用

大量なIoT機器同士が接続されると、収集されたビッグデータを解析した新ビジネスの創出が期待されます。なかでもデータ分析におけるAI（人工知能）の活用が注目されています。第3章では、AIの最新動向について概観し、AIのセキュリティ分野での活用の動きと、AIを利用した新たなサイバー攻撃について紹介します。

今注目すべきIoTセキュリティトピック③：AI技術の進化とセキュリティ応用

3.1 注目を集めるデータ分析へのAI活用

データ分析および示唆を導き出すための技術または便利な道具として、人工知能（AI：Artificial Intelligence）に注目が集まっています。ここでは、AIの歴史を概括し、サイバーセキュリティにおけるAIの活用状況について紹介します。

1 IoT時代のデータ分析に関する課題

近い将来、インターネットにつながるIoT機器数が増えていくことは明らかであり、2025年に向けてデジタルユニバース（米国EMC社〔現Dell Technologies〕が提唱する「地球上で生成されるデータ全体」）も爆発的に増加すると考えられています。その5年前の2020年に到達すると予測されている44ゼタバイトのデータのうち、データ分析ができる構造化データは10％に留まるとされています。9割を占める非構造化データの中でも音声・映像やIoT機器から生成されるデータが約90％を占め、それらは分析が手つかずの状態であると考えられます（図3-1-1）。

データドリブン[注1]なサービスが実現し、さらに業界横断的に拡がることで、「データ主導社会」の実現に近づきます。その実現のためには、IoT機器により収集したデータの分析が必要となります。つまり、これまで分析対象になっていなかった90％の非構造データを分析できるようになることが必須です。そして、また分析できるデータを増やしたうえで、かつ人間の認知能力を超えた示唆を得ることが、IoT時代において組織が目指すべき姿ではないかと思われます（図3-1-2）。

注1　得られたデータをもとに、さらにデータを分析して次の行動に活用すること。

3.1 注目を集めるデータ分析へのAI活用

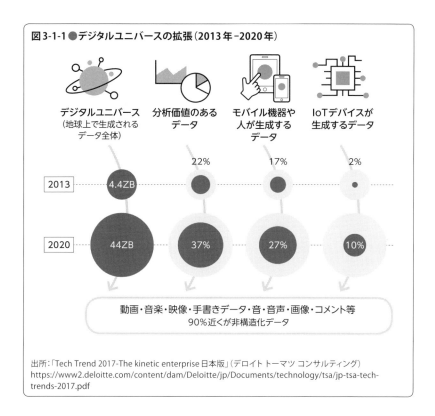

出所:「Tech Trend 2017-The kinetic enterprise 日本版」(デロイト トーマツ コンサルティング)
https://www2.deloitte.com/content/dam/Deloitte/jp/Documents/technology/tsa/jp-tsa-tech-trends-2017.pdf

2 AIの発展

　爆発的に増える非構造化データを分析するうえで、重要な鍵を握るのがAIです。ここではAIの概要についておさらいし、歴史や活用状況について紹介していきます。

●AIの定義

　1956年に開催されたダートマス会議にて、計算機科学者のJohn McCarthy氏が「AI」という言葉を初めて用いたとされています。また日本人工知能学会は「知的な機械、特に、知的なコンピュータプログラムを作る化学と技術」と定義しています。ただし、研究者によってその定

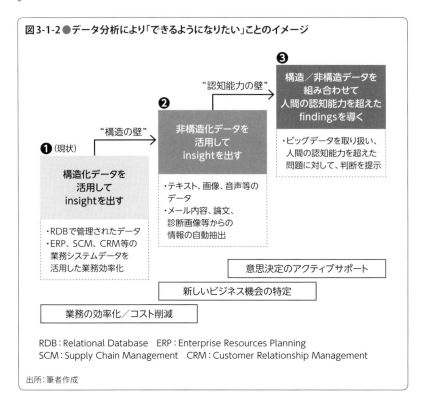

図3-1-2 ●データ分析により「できるようになりたい」ことのイメージ

RDB：Relational Database　ERP：Enterprise Resources Planning
SCM：Supply Chain Management　CRM：Customer Relationship Management

出所：筆者作成

義は大きく異なっています[注2]。

　また、昨今はAIへの期待の高まりとともに、機械学習（マシンラーニング）や深層学習（ディープラーニング）というキーワードを頻繁に見かけるようになりました。しかし、現在のAIを構成する機能はこれだけに限らず、実に様々なものがあります（図3-1-3）。

● AIの歴史

　これまでのAI研究の歴史は、第1次から第3次までのAIブームと呼ばれる時代がありました。その歴史について、総務省が発行した「平成28

注2　日本の研究者においても定義は異なる。

図3-1-3 ● AIの機能概要

AIがしてくれること

① 継続的に学習し、フィードバックに基づいてパフォーマンスを向上させます。
② 文脈を手がかりとして意味を発見します。
③ 仮説を生成し、意思決定を行うためのルールを適用します。
④ 状況の意味を理解するために、背景となる概念間の関係を描きます。
⑤ 文章、音声、画像を認識し、データとして活用します。

AIを構成する機能

	①	②	③	④	⑤
機械学習／深層学習	○				
確率的推論	○		○		
ルールベースエンジン	○		○		
自然言語処理		○		○	
セマンティックコンピューティング		○		○	
手書き文字認識					○
画像認識					○
テキストマイニング		○			
情報検索					○
音声認識				○	○
自然言語生成				○	
ビジュアライゼーション			○		

出所：デロイト トーマツ コンサルティング（筆者にて改変）

今注目すべきIoTセキュリティトピック③：AI技術の進化とセキュリティ応用

年度情報通信白書」注3をもとに補足して紹介します。

①第1次AIブーム

　1950年代後半〜1960年代、コンピュータによる「推論」や「探索」が可能となり、特定の問題に対して解を提示できるようになったことがブームの要因であるとされています。例えば、当時の米国では、自然言語処理による機械翻訳が特に注力されました。しかし、当時のAIでは、迷路の解き方や定理の証明のような単純な仮説の問題を扱うことはできても、様々な要因が絡み合う現実を必ずしも容易に単純化できるはずがなく、ブームは過ぎ去ることとなりました。

②第2次AIブーム

　1980年代、コンピュータが推論をするために必要な情報を、コンピュータが認識できる形で記述した「知識」としてインプットすることで、AIは実用可能な水準に達し、エキスパートシステム注4が登場しました。当時はコンピュータが必要な情報を自ら収集して蓄積することはできず、人がコンピュータに必要なインプットをすべて記述する必要がありました。しかし、世の中にある膨大な情報や暗黙知をすべて人手で記述することは困難なことから、活用可能な知識量は特定の領域の情報等に限定されていました。

③第3次AIブーム

　2000年代から現在まで継続中のブームです。ビッグデータと呼ばれるさまざまな種類の大容量のデータを用いることで、AI自身が知識を獲得する機械学習が実用化されました。続いて、特徴量（分析のうえで着目

注3　出所：「平成28年度情報通信白書」（総務省） http://www.soumu.go.jp/johotsusintokei/whitepaper/ja/h28/pdf/n4200000.pdf

注4　専門分野の知識を取り込んだうえで推論することで、その分野の専門家のように振る舞うプログラムのこと。

3.1 注目を集めるデータ分析へのAI活用

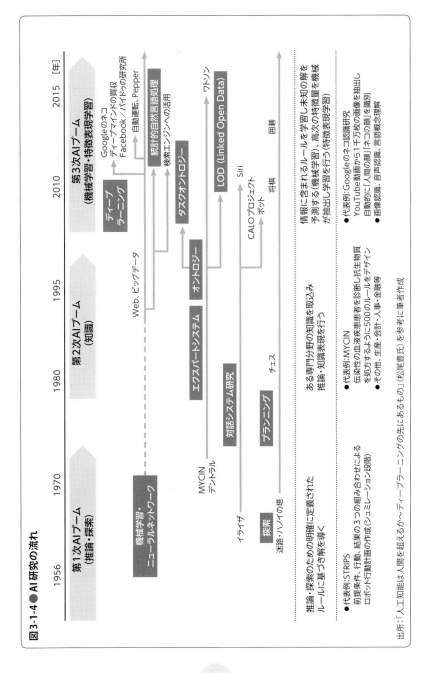

図3-1-4 ● AI研究の流れ

出所:「人工知能は人間を超えるか〜ディープラーニングの先にあるもの」(松尾豊氏)を参考に筆者作成

すべき箇所）と呼ばれる知識を定義する要素をAIが自ら習得する深層学習（ディープラーニング）が登場したことにより、AIの実用化に向かって進展しています（図3-1-4、71ページ）。

●**機械学習と深層学習について**

昨今のAIブームで特に目にすることが多い「機械学習」と「深層学習」について、概要を補足します。

まず機械学習とは、コンピュータが数値やテキスト、画像、音声等の様々かつ大量のデータからルールや知識を自ら学習する技術のことをいいます。そして、深層学習とは、人間の脳の働きに近い形で情報の伝達をする、ニューラルネットワークを用いた機械学習の手法の1つで、情報抽出を一層ずつ多階層にわたって行うことで高い抽象化を実現します。この抽象化により、予測したいものに適した特徴量を大量のデータから"自動的に"学習することができるようになりました。特徴量を人手で定義しなくても学習できる点が従来の機械学習との大きな違いです。

特定の用途においてはAIが研究段階から実用段階に近づいたといえますが、機械学習および深層学習のどちらも、学習のためには大量のデータとコンピュータリソースが必要となります（図3-1-5）。

3.2　セキュリティ分野へのAIの活用

AIの実用化が進みつつある中で、セキュリティ分野への適用検証が積極的に行われています。どのように活用できるのか、最新の取り組みを紹介します。

3.2 セキュリティ分野へのAIの活用

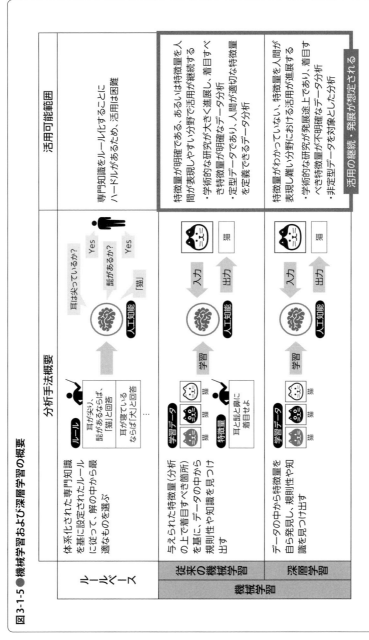

図3-1-5 ●機械学習および深層学習の概要

出所：経済産業省委託調査「平成28年度我が国における国内におけるデータ駆動型社会に係る基盤整備（医療・介護領域等における第4次産業革命の動向等に関する調査）」（デロイト トーマツ コンサルティング） http://www.meti.go.jp/meti_lib/report/H28FY/000527.pdf

今注目すべきIoTセキュリティトピック③：AI技術の進化とセキュリティ応用

1　AIを利用したセキュリティ分野への適用検証

●世界最大級のセキュリティカンファレンス「Black Hat USA」での発表

　セキュリティ研究者集団のShellPhishは、「Black Hat USA 2015」にて脆弱性分析システムの「angr」[注5]についてプレゼンテーションを行いました[注6]。angrとは、プラットフォームに依存しないバイナリー分析フレームワークです。IoT機器のファームウェアのバイナリーからソフトウェアの動きを調査し、それによって脆弱性を発見するという考え方で、プレゼンでは主に認証バイパスに関する脆弱性を検出するためのシンボリック実行[注7]エンジンについて解説しています。

　また、「Black Hat USA 2017」では、その時点での機械学習によるセキュリティ脅威検知の実証実験における有用性を疑問視する指摘がありました。機械学習によって優れたセキュリティ脅威の検知率を主張するホワイトペーパーが増えていますが、ほとんどの実証実験が、単一のデータソースでの学習およびテストデータによる結果であり、実用における有用性と乖離する可能性があるというのです[注8]。

　機械学習は便利なものとして注目を集めていますが、現場業務へのAI適用はまだまだ発展途上であり、これから実用に向けた成熟が期待されます。

●DARPA主催のCGC（Cyber Grand Challenge）

　2016年8月にラスベガスで開催されたセキュリティカンファレンス「DEFCON」にて、米国防高等研究計画局（DARPA）が後援するハッキン

注5　https://www.gitbook.com/book/angr/angr/details
注6　https://www.blackhat.com/docs/us-15/materials/us-15-Kruegel-Using-Static-Binary-Analysis-To-Find-Vulnerabilities-And-Backdoors-In-Firmware.pdf
注7　プログラム実行時に通過する可能性があるすべての実行経路を検証すること。
注8　出所：「Garbage In, Garbage Out」（Hillary Sanders）　https://www.blackhat.com/docs/us-17/wednesday/us-17-Sanders-Garbage-In-Garbage-Out-How-Purportedly-Great-ML-Models-Can-Be-Screwed-Up-By-Bad-Data.pdf

グと防御の技術を競う大会、CGCの決勝大会が行われました。CGCは、通常人間が行うハッキング競技のCTF（Capture the Flag、旗とり合戦）を、人間の代わりに自立型のコンピュータシステムが攻撃と防衛を行うというものです。全米から大学や企業等の104チームが参戦し、ラスベガスの決勝大会には7チームが参加しました。その結果、決勝大会の8時間の間に650件の脆弱性を発見し、400件以上の脆弱性を修正することとなりました。また、優勝したチームは10分間に1ダース程度の脆弱性を発見しました。

　CGCの目的は、敵にソフトウェアの脆弱性を悪用される前に、脆弱性の存在を検知し、評価し、修正する能力をもった、高度な自律システムの開発を加速することです。サイバー攻撃は高度化し続けており、同時にセキュリティアナリストが分析しなければならないパケットの量も増加の一途をたどっていることから、人材不足が指摘されています。こうしたことから、近い将来、AIが、サイバー攻撃分析や修正パッチ開発等の業務を一定程度担うことができるようになると期待されています。

2　遺伝的アルゴリズムを活用したファズデータの自動生成・テスト

　機械学習または深層学習の精度を高めるためには、大量のデータが必要ですが、ファズデータ（予測不可能な入力データ）の自動生成およびテスト実行についても研究が進んでいます。その方法として近年では「遺伝的アルゴリズム（Genetic Algorithm）」が使われています。

● 遺伝的アルゴリズムとは
　生物が自然淘汰や交叉・突然変異を何世代にもわたって繰り返しながら、進化していく様子をシミュレーションします（図3-2-1）。

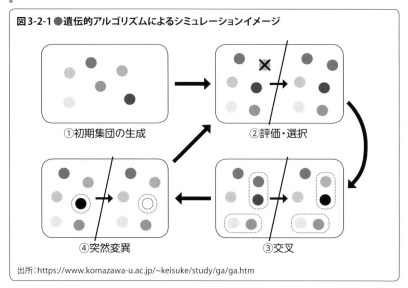

図3-2-1 ●遺伝的アルゴリズムによるシミュレーションイメージ

①初期集団の生成
②評価・選択
③交叉
④突然変異

出所:https://www.komazawa-u.ac.jp/~keisuke/study/ga/ga.htm

遺伝的アルゴリズムのステップ

①初期集団の生成
　ランダムなデータ(個体)を複数用意して、初期世代とする。
②評価・選択
　各個体の適応度を計算し、一定の規則を用いて選択する。適応度の低い個体は淘汰され、その個数だけ適応度の高い個体が増殖する。
③交叉
　設定した交叉確立または交叉方法により交叉し、新しい個体を生成する。
④突然変異
　設定した突然変異確立や突然変異の方法により突然変異を行い、新しい個体を生成する。
　あらかじめ設定した世代数に到達するか、全個体のスコア平均が閾値を超える等、終了条件を満たすまで「②評価・選択」から「④突然変異」を繰り返す。

3.2 セキュリティ分野へのAIの活用

●American Fuzzy Lop（AFL）とは

　American Fuzzy Lopとは、遺伝的アルゴリズムを活用したファズデータの自動生成、ファジング実行ツールであり、bach、tcpdump、OpenSSH等のソフトウェアの脆弱性を検出した実績があります。AFLは専用のコンパイラでファジング対象ソフトウェアをあらかじめコンパイルする必要がありましたが、米国のセキュリティベンダであるNCC GroupがLinuxカーネルとAFLを統合することで、ソースコードがなくてもAFLを使用できるようになったため、利用の幅が広がりました[注9]。

　しかし、遺伝的アルゴリズム世代交代の方法、突然変異の比率、評価関数の設定次第では時間がかかることや、評価関数を適切に決めることが難しいなどの課題があります。なお、DARPAのCGCの優勝チームであるカーネギーメロン大学のシステムMAYHEM（メイヘム）は、このAFLにシンボリック実行機能を追加しており、それがなければCGCで優勝することはできなかっただろうとツイートされています（図3-2-2）。

図3-2-2 ●David Brumley 氏のツイート

出所：David Brumley (@thedavidbrumley) | Twitter

[注9] Project Triforce（https://github.com/nccgroup/TriforceAFL）を参照。

CGCを含めたCTFの環境はブラックボックスです。つまり、ソースコードはなく、文書もなく、プロトコルも不明であり、脆弱性を発見して攻撃・防御するためには、リバースエンジニアリング注10をしなければなりません。MAYHEMはバイナリーコードからソフトウェアの脆弱性を発見するため、通常は人手でリバースエンジニアリングをするところ、AIを駆使してバイナリーからソフトウェアのシンボリック動作を推定し、自動的に脆弱性を発見する仕組みを作りました。

● AFLとangrを組み合わせたDriller

　MAYHEMのようにAFLにシンボリック実行を組み合わせたツールが、米国NDSS Symposium注11 2016で発表された「Driller」です注12。angrはバイナリーからシンボルの動作を辿るための仕組みですが、AFLによるファジングを組み合わせることで、大量のファズデータの生成やパス（経路）数の爆発的な増加を回避することができます。

　遺伝的アルゴリズムを活用したテスト手法は、今後も進化し続けると考えられます（図3-2-3）。

3.3　AIを活用したサイバー攻撃も始まっている

　脆弱性の発見に貢献するAIは、サイバー犯罪者にとっても武器となります。ここではAI関連トピックの結びとして、セキュリティ会社による

注10　製品を分解・解析して、その動作原理や構成要素、技術要素などを分析すること。
注11　Network and Distributed System Security Symposium. 米国で開催されるネットワークおよび分散システムのセキュリティシンポジウム。
注12　出所：「Driller: Augmenting Fuzzing Through Selective Symbolic Execution」（Nick Stephensら）http://cs.ucsb.edu/~chris/research/doc/ndss16_driller.pdf

3.3 AIを活用したサイバー攻撃も始まっている

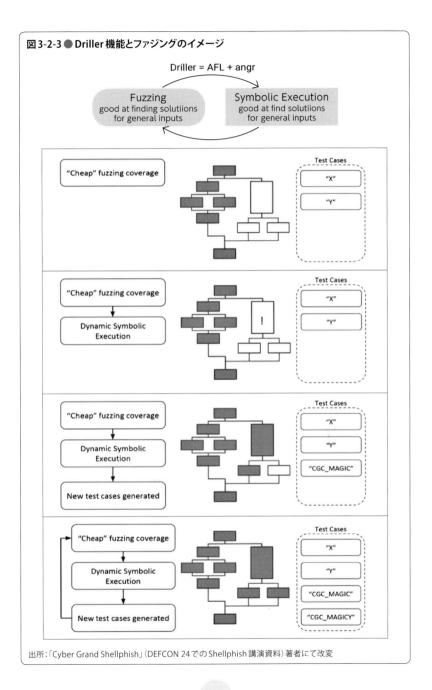

今注目すべきIoTセキュリティトピック③:AI技術の進化とセキュリティ応用

警鐘注13を紹介しましょう。

1 敵対的AIの存在

セキュリティ会社のSymantec(シマンテック)は、インドにあるコールセンターがチャットボット注14から大量の問い合わせを受け続け、処理能力がパンク寸前になった事例を公表しています。これは、一部の問い合わせの内容が酷似しているために、音声の認識・合成能力をもった、自動化されたボットが電話によるDoS攻撃を仕掛けたとの判断に至りました。しかし、人によるものであるかAIによるものであるかの判別は容易ではありません。シマンテックはサイバー攻撃に悪用するAIを「敵対的AI(Adversarial AI)」と呼び、次の4つの利用方法に大別できるとしています。

①攻撃対象システムへの侵入活動の効率化
②マルウェアにAIの機能(例えば機械学習)を搭載して感染力等の向上
③チャットボットのような攻撃実行
④AI入力データの汚染

2 オープンソースインテリジェンスを活用した脅威

今後、サイバー犯罪者によるAIの悪用が進めば、オープンソースインテリジェンス(OSINT)注15が容易になり、攻撃対象となる人物の行動特性をこれまでよりも正確に分析できるようになるでしょう。そうなれ

注13 出所:「"敵対的AI"によるサイバー攻撃はひそかに始まっている」(TECH.ASCII.jp) http://ascii.jp/elem/000/001/590/1590992/
注14 「チャット(おしゃべり)」と「ロボット」を合わせた造語。会話を自動的に行うプログラムで、近年ではAIを用いた自然な会話が可能になっている。
注15 インターネット上で公開された情報もとに、重要(機密)情報を収集する行為。

ば、SNSやWebメールアカウントの秘密の質問は突破されるようになるかもしれません。さらに準備段階で大量のデータをインプットすれば、フィッシングメール[注16]はより洗練されるようになるでしょう。今でもフィッシングメールを起点としたサイバー攻撃は多数発生しており、これらをより洗練させれば、1台のPCまたはスマートフォンをマルウェアに感染させることは難しくありません。

ひとたび感染した後は、被害者の電子メールや会話を監視し、そのデータを機械学習することで、被害者が実際に送信しそうな内容と文体を真似ることができます。実際に本人のメールアドレスから送信されるため、「怪しいメールは開かない」という啓発が役に立たない可能性も高くなります。そして、他のPCを感染させることもさらに容易になります。

AI入力データの汚染とは、機械学習に用いられる教師データ[注17]を改ざんし、間違った学習をさせることで、AIによる判断を誤らせるイメージです。今後、AIの実用化が進むにつれて依存度が高くなると、教師データが改ざんされないように、防止または改ざんされたことを迅速に検知できる手法[注18]を確立する必要も出てくるでしょう。

テクノロジーは包丁やはさみと同じであり、正しく使えば便利な道具ですが、悪用すれば凶器になってしまいます。テクノロジー自体に善悪はなく、常に進化の光の裏には影があることを忘れてはなりません。

注16 不特定多数のターゲットに対して、金融機関やクレジットカード会社による正規の通知に偽装したメールを送るメール詐欺。

注17 機械学習は大きく、「教師あり学習」と「教師なし学習」に分けられ、「教師あり学習」は、入力データと正解のデータがセットになった訓練用データを使って学習することをいう。

注18 シマンテックの研究者は入力データ汚染の検知手段を論文にまとめている。「Detecting Adversarial Samples from Artifacts」(Reuben Feinman 氏ら) https://arxiv.org/pdf/1703.00410.pdf

第4章

世界のIoTセキュリティ政策はどうなっているか：日米欧の最新動向

第1章〜第3章で紹介したように、IoTを取り巻く環境は大きく変化し、脅威も増大してきています。現在、世界各国では脅威に対抗するために、セキュリティ法規制の高度化が進んでいます。第4章では、米国、EU、日本を中心に、IoTセキュリティに関連する政策を概説します。

世界のIoTセキュリティ政策はどうなっているか：日米欧の最新動向

4.1 米国のIoTセキュリティ政策

　米国はIoTの活用も進み、また同時にサイバーテロのリスクも高いことから、国家レベルでのIoTセキュリティ対策が進んでいます。連邦政府や州、重要インフラセクター[注1]ごとのサイバーセキュリティフレームワークや規則が策定・採択されつつあり、中には米国市場における輸出上の対応事項になるものもあるため、日本にも大きな影響をもたらすと考えられます。

　例えば、カリフォルニア州では、同州民をサイバー攻撃から守るため、同州で製造販売するConnected Device（インターネットにつながる機器）の製造者に対し、「適切な」セキュリティ機能を装備させることを要求（法制化）する「Civil Code」（いわゆる民法）の改訂案が成立しています（2018年9月）。発効は2020年1月1日の予定です。

　私たちは自国はもちろんながら、刻一刻と変化し、進化する米国の動向もつかんでおくことが重要です。

1　テロ対策としての重要インフラ防護とサイバーセキュリティ政策

　米国のサイバーセキュリティ政策は、重要インフラをテロから守ることを目的としたCIP（Critical Infrastructure Protection）というテーマのもとで、連邦法、規則、大統領令等に基づいて取り進められてきました。また、米国はサイバーセキュリティ政策の推進をテロ対策とみなしており、1993年のニューヨークの世界貿易センター爆破事件や1995年のオクラホマ連邦政府ビル爆破事件、2001年の同時多発テロといった事件がきっかけとなっていることがうかがえます。

注1　社会基盤となる発送電、プラント、鉄道などの制御システムを担う事業者。

●大統領令によるサイバーセキュリティ関連法の整備

近年のサイバーセキュリティ政策を象徴づけたのは、2013年2月に当時のオバマ大統領が、一般教書演説で議会によるサイバーセキュリティ対策の迅速な法制化を要求したことでした。その際、重要インフラのサイバーセキュリティ強化に向けた大統領令13636号（Executive Order：EO-13636）「重要インフラのサイバーセキュリティの向上」[注2]と、大統領指令21号（Presidential Decision Directive：PPD-21）「重要インフラのセキュリティと回復力」[注3]を発令しています。これらは重要インフラ強化に向けて、政府・民間でのサイバーセキュリティ強化に関する対応の作業を関係省庁に指示したものであり、後続の各取り組みの基礎ともなっています。また、後述するいわゆるNIST[注4]の「サイバーセキュリティフレームワーク」の策定も指示されました。

その後、2014年にはサイバーセキュリティ防護法を制定し、国土安全保障省（DHS）が国家サイバーセキュリティを所管することとなっています[注5]（表4-1-1）。

2015年2月には、重要インフラセクターを担う民間企業のサイバーセキュリティ情報共有の促進に関する大統領令13691号（EO-13691）「プライベートセクターのサイバーセキュリティ情報共有の促進」[注6]が公表され、また同12月には、サイバーセキュリティ情報共有法「Federal Guidance on the Cybersecurity Information Sharing Act of 2015

注2　出所：「Executive Order -- Improving Critical Infrastructure Cybersecurity」（The White House） https://obamawhitehouse.archives.gov/the-press-office/2013/02/12/executive-order-improving-critical-infrastructure-

注3　出所：「Presidential Policy Directive -- Critical Infrastructure Security and Resilience」（The White House）　https://obamawhitehouse.archives.gov/the-press-office/2013/02/12/presidential-policy-directive-critical-infrastructure-security-and-resil

注4　National Insutitute of Standards and Technology（米国立標準技術研究所）の略。

注5　出所：「National Cybersecurity Protection Act of 2014」（合衆国議会） https://www.congress.gov/bill/113th-congress/senate-bill/2519

注6　「Executive Order -- Promoting Private Sector Cybersecurity Information Sharing」（White House）　https://www.whitehouse.gov/the-press-office/2015/02/13/executive-order-promoting-private-sector-cybersecurity-information-shari

世界のIoTセキュリティ政策はどうなっているか：日米欧の最新動向

表 4-1-1 ●米国における重要インフラセクターごとのサイバーセキュリティ所管

セクター（事業分野）	主管省庁
エネルギー（電力、ガス、石油）	エネルギー省
商用原子力施設と核燃料・核廃棄物施設	国土安全保障省
農業と食糧	農務省、保健福祉省
防衛産業基盤	国防総省
医療および公共衛生	保健福祉省
国家モニュメントと象徴物→政府施設に統合（2013）	内務省
金融サービス	財務省
上水道および下水道	環境保護庁
化学産業	国土安全保障省
商業施設	国土安全保障省
重要な製造業	国土安全保障省
ダム	国土安全保障省
情報技術	国土安全保障省
通信	国土安全保障省
郵便→人・物の運送に統合（2013）	国土安全保障省
緊急サービス	国土安全保障省
政府施設	国土安全保障省、内務省
人・物の輸送	国土安全保障省、運輸省

出所：筆者作成

（CISA）」[注7]が制定されました。これまでサイバーセキュリティのISAC[注8]は、重要インフラ16セクターのみを対象としていましたが、CISAによって情報共有分析機関をISAO[注9]と定義され、重要インフラセクター以外の民間の各企業からDHSに対して、いっそうの情報連携を要求すること

注7　出所：「Cybersecurity Act of 2015」（米国下院）　http://docs.house.gov/billsthisweek/20151214/CPRT-114-HPRT-RU00-SAHR2029-AMNT1final.pdf　PDFファイル内のP1728が該当

注8　Information Sharing and Analysis Center の略。アイザック。利用者の安心・安全を継続的に確保するために情報を共有・分析し、強調活動をする民間組織。

注9　Information Sharing and Analysis Organization の略。

となりました(もともとのISACは名称を変えず、法に基づく位置づけはISAOとなっています)。これにより、事業者はサイバーセキュリティの脅威に関する情報を連邦政府、州と地方公共団体や他の事業者と共有しても罪に問われないことが定められました。

● **大統領令によるサイバーセキュリティ強化**

また、2017年5月にトランプ大統領は、サイバーセキュリティ強化に関する大統領令(Strengthening the Cybersecurity of Federal Networks and Critical Infrastructure)「連邦ネットワークと重要インフラのサイバーセキュリティの強化」に署名しました[注10]。この大統領令は、「連邦政府のネットワークに関するサイバーセキュリティ」「重要インフラに関するサイバーセキュリティ」「国家/国民のためのサイバーセキュリティ」を柱としており、各連邦政府機関は大統領令署名後、90日以内に大統領に報告書を提出するように指示しました。

2018年に入り、次のような大統領令に基づく調査結果の報告が公表されています。

連邦政府のサイバーセキュリティリスクに関する報告書[注11]

96の政府機関に対しサイバーセキュリティ管理能力について評価した結果、および改善策を報告したものである。71の機関において、「高リスク」または「リスク有」と評価された。報告書が推奨する取り組みは以下の通りである。

注10 出所:「Presidential Executive Order on Strengthening the Cybersecurity of Federal Networks and Critical Infrastructure」(White House) https://www.whitehouse.gov/presidential-actions/presidential-executive-order-strengthening-cybersecurity-federal-networks-critical-infrastructure/

注11 出所:「Federal Cybersecurity Risk Determination Report and Action Plan」(White House) https://www.whitehouse.gov/wp-content/uploads/2018/05/Cybersecurity-Risk-Determination-Report-FINAL_May-2018-Release.pdf

① サイバーセキュリティリスクに対する優先度付けおよび管理のために、サイバー脅威フレームワークの導入による、政府機関のサイバーセキュリティの脅威に対する認識改善
② コストのコントロールおよび資産管理の改善のためのITおよびサイバーセキュリティ能力の標準化
③ サイバー脅威の検知および対応能力の改善のための政府機関SOC（Security Operation Center）の統合
④ 改善したガバナンスのプロセス、繰り返し行うサイバーセキュリティリスクの評価、および米国行政管理予算局（OMB：Office of Management and Budget）がリーダーシップを発揮した各機関のアカウンタビリティ（説明責任）の徹底

ボットネット対策等に関する報告書[注12]

インターネット・エコシステムのレジリエンス（回復力）向上のための、次に示す5つの補完的なゴール、また計24の施策を提示した。
① 適応・持続可能、かつ安全な技術市場への明確な道筋を特定
② 進化するサイバー脅威にダイナミックに適応できるように、インフラにおけるイノベーションを促進
③ 自動化された分散型攻撃（大規模DDoS）を防止、検出、被害を軽減するために、エッジ機器[注13]に対するイノベーションを促進
④ セキュリティ、インフラ、OT（Operational Technology、制御技術）のコミュニティに対する国内および世界全体の連携を推進、支援
⑤ エコシステム全体にわたるセキュリティ意識啓発と教育を徹底

注12　出所：「Enhancing the Resilience of the Internet and Communications Ecosystem Against Botnets and Other Automated, Distributed Threats」（Department of Commerce）
https://www.commerce.gov/sites/commerce.gov/files/media/files/2018/eo_13800_botnet_report_-_finalv2.pdf
注13　ネットワークとネットワークの境界（エッジ）に置かれた機器のこと。

なお、同大統領令ではMiraiボットネットの社会的な影響と照らし合わせて、「ボットネットおよびその他の自動化された分散型脅威に対する回復力」についても言及しており、ボットネット化したDDoS攻撃を劇的に軽減する目標のもとに、通信分野においてリスク管理改善策を講ずることを明記しています。また「連邦政府のネットワークに関するサイバーセキュリティ」において、NISTサイバーセキュリティフレームワークおよびその後継を、連邦政府機関に導入することを義務づけました。

2 NISTサイバーセキュリティフレームワーク

2014年2月にNISTは重要インフラのサイバーセキュリティ向上のためのフレームワーク、いわゆる「NISTサイバーセキュリティフレームワーク（Framework for Improving Critical Infrastructure Cybersecurity）」を発表しました[注14]。このフレームワークは、2012年にGAO（米国会計検査院）が「米国の政府機関のサイバーセキュリティ対応は、水準が非常に低く是正が必要である」と指摘したことが契機となっています[注15]。

フレームワークの目的は、各政府機関がこれを活用して、自発的にサイバーセキュリティ対策を推進していくための計画を立案し、推進していくことです。その意味で、米国の政策レベルで求める最低限のセキュリティ管理水準は、同フレームワークであると解釈されています。

同フレームワークでは、2013年の大統領令のタイミングでは重要なテーマとして検討されていたサプライチェーンリスクマネジメント[注16]の取り込みを、2014年のバージョン1.0では断念していました。その後、2018年に正式発行されたバージョン1.1に向けて、フレームワークコア

注14 NISTサイバーセキュリティフレームワークの策定状況についてはNISTのWebサイト（https://www.nist.gov/cyberframework）を参照。

注15 出所：「GAO-12-666T, CYBERSECURITY: Threats Impacting the Nation」（US Government Accountability Office）https://www.gao.gov/assets/600/590367.pdf

注16 システム構成上のサプライチェーンにおけるセキュリティ脆弱混入リスクの管理。

世界のIoTセキュリティ政策はどうなっているか：日米欧の最新動向

表4-1-2 ● NISTサイバーセキュリティフレームワークの概要

機能 (Functions)	カテゴリー (Categories)	サブカテゴリー (Subcategories)	参照情報 (Information Reference)
特定 (IDENTIFY)	・資産管理 ・ビジネス環境 　　　　　　…等	ID.AM-1：物理デバイス・ 　　　　　システムの管理 ID.AM-2：ソフトウェアの 　　　　　管理　　　…等	・NIST SP800-53 　Rev.4 CM-8 ・ISA 99.02.01 　4.2.3.4　　　…等
保護 (PROTECT)	・アクセス 　コントロール ・データセキュリティ 　　　　　　…等	PR.AC-1：デバイスと 　　　　　ユーザーのID管理 PR.AC-2：物理アクセス管理 　　　　　　　　　…等	・NIST SP800-53 　Rev.4 AC-2 ・CCS CSC 16　…等
検知 (DETECT)	・異常と事象 ・継続モニタリング 　　　　　　…等	DE.AE-1：ネットワーク管理 DE.AE-2：検知イベントの 　　　　　分析　　　…等	・COBIT 5 DSS03.01 ・ISA 62443-2-1： 　2009 4.4.3.3　…等
対応 (RESPOND)	・レスポンス 　プランニング ・分析　　　…等	RS.PL-1：対応計画の実行 RS.CO-1：インシデント時の 　　　　　役割と行動 　　　　　　　　　…等	・ISA 62443-2-1:2009 　4.3.4.5.1 ・ISO/IEC 27001:2013 　A.16.1.5　　　…等
復旧 (RECOVER)	・復旧計画 ・改善　　　…等	RC.RP-1：復旧計画の実行 RC.IM-1：復旧計画へ 　　　　　教訓の反映 　　　　　　　　　…等	・CCS CSC 8 ・COBIT 5 DSS2.05, 　DSS03.04　　…等

出所：筆者作成

にサプライチェーンリスクマネジメントを追加したドラフト1を、2017年1月に公表しました。続いて、パブリックコメントやワークショップからコメントを集め、2017年12月にドラフト2を公表し、2018年4月16日に、バージョン1.1を完成させています（表4-1-2）。

3　医療セクターにおけるセキュリティへの取り組みの例

　連邦政府レベルで進められているサイバーセキュリティ強化の取り組みを受けて、各分野でも規制およびデファクト（業界標準）となるガイドラインの策定が進められています。本項では、IoT化する機器としての医療機器を所管する米国食品医薬品局（FDA：Food and Drug

Administration）によって発行された、医療機器を対象とするガイドラインを紹介します。

---

① Content of Premarket Submissions for Management of Cybersecurity in Medical Devices[注17]

2014年12月に施行された、新規にFDAに許認可を求める「申請時」に必要な対応をまとめたものです。主な要求事項を次に挙げます。

- 機器に関する意図的、非意図的サイバーセキュリティリスクに関するハザード分析、対策、設計上の考慮の実施
- 実装するサイバーセキュリティ制御とリスクを関連づけるトレーサビリティ・マトリックス[注18]の考慮
- 継続的に安全で効果的に機器を利用するために、OSと医療機器ソフトウェアに対する検証されたアップデートとパッチの提供のための体系的な方法の実現
- 機器が購入者と利用者に対してマルウェアに感染することなく提供されたことを実証するための書類
- 推奨されるアンチウィルスソフトとファイアウォール[注19]の適切な条件で利用可能な機器の製品仕様

注17 出所：「Content of Premarket Submissions for Management of Cybersecurity in Medical Devices」（FDA）　https://www.fda.gov/downloads/MedicalDevices/DeviceRegulationandGuidance/GuidanceDocuments/UCM356190.pdf
注18 上位および下位要件との追跡可能性や、要件と作業成果物との追跡可能性を格子表（マトリックス）にまとめたもの。5章に関連情報あり。
注19 内部と外部の通信の間で送信元と宛先のIPアドレス・ポート番号・プロトコルメソッド・データ等を検査し、不正と判断した通信を遮断するシステムや機器やソフトウェア。

世界のIoTセキュリティ政策はどうなっているか:日米欧の最新動向

② Postmarket Management of Cybersecurity in Medical Devices[20]

2016年12月に施行された、米国に流通する「市販後」の医療機器に必要な対応をまとめたものです。主な要求事項を次に挙げます。

- 取り扱い機器の脆弱性とリスクを検査・特定している情報源のモニタリング
- 発見した脆弱性についての状況把握と、それを突いた攻撃等が及ぼす影響の評価
- 脆弱性の取り扱いについての社内外への連絡方法の確立
- リスクからの保護・対応・回復に必要不可欠な医療機器のパフォーマンスの定義
- 脆弱性の公開ポリシーの定義
- 脆弱性・リスクに対する早期の対応策の実施

両ガイドラインを製品開発のライフサイクルに当てはめると、①のPremarketは製品の流通前に運用フェーズまで含めて検討しておく事項、②のPostmarketは販売後に脆弱性が発見された際に対応できなければならない事項、をまとめたものと解釈できます。

これらのガイドラインによって、日本を含めた外国製品も影響を受けるので、米国市場における輸出上の対応事項となりました。脆弱性が発見された際の対応については、製品を対象とした能動的な管理態勢が必要になることから、今後、製品を対象としたCSIRT(シーサート。Computer Security Incident Response Team、組織内の情報セキュリティ問題を専門に扱うインシデント対応チーム[21])を立ち上げる製造業者が増えると思われます(図4-1-1)。

---

[20] 出所:「Postmarket Management of Cybersecurity in Medical Devices」(FDA) https://www.fda.gov/downloads/MedicalDevices/DeviceRegulationandGuidance/GuidanceDocuments/ucm482022.pdf

[21] 情報セキュリティが侵害され重大な事故につながる恐れがあった事例。

4.1 米国のIoTセキュリティ政策

図4-1-1 ● 医療機器に対するFDAサイバーセキュリティ規制の概要と対応事項（例）

規制名称	Content of Premarket Submissions for Management of Cybersecurity in Medical Devices（2014年12月施行）	Postmarket Management of Cybersecurity in Medical Devices（2016年12月施行）
フェーズ	企画 → 設計・開発 → テスト → 製造 → 販売	運用 ※現在稼働している機器が対象
要求事項の概要	・機器に関する意図的、非意図的に関するハザードの分析、対策、設計上の考慮の実施 ・実装するサイバーセキュリティ制御とリスクを関連付けるトレーサビリティー・マトリックスの考慮 ・継続的に安全で効果的に機器を利用するために、OSや医療機器ソフトウェアに対する検証されたアップデートとパッチの提供のための体系的な方法の実現 ・機器が購入者と利用者に対してマルウェアに感染することなく提供されたことを実証するための書類 ・推奨されるアンチウィルスソフトウェアとファイアウォールの適切な条件で利用可能な機器の製品仕様	・取り扱い機器の脆弱性リスクを検査・特定している情報源のモニタリング ・発見した脆弱性についての状況把握と、それを突いた攻撃等が及ぼす影響の評価 ・脆弱性の取り扱いについての社内外への連絡方法の確立 ・リスクからの保護・対応、回復に必要不可欠な医療機器のパフォーマンスの定義 ・脆弱性の公開ポリシーの定義 ・脆弱性・リスクに対する早期の対応策の実施
メーカーに求められる取り組み（例）	・サイバー攻撃のみならず偶発的な事故に関する脅威・リスクの洗い出し ・洗い出したリスクと、それを低減するための製品の機能を対応表で定義 ・OSやソフトウェアのアップデートの手順の文書化 ・機器出荷時もしくは納入時のマルウェア感染チェック ・ウィルス対策ソフト、ファイアウォール等のセキュリティ機能を有効にした環境下で機器が問題なく作動するかの検証	・自社・他社製品の脆弱性についての情報収集 ・自社製品の脆弱性について検証および影響を評価 ・脆弱性発見時の、開発・生産管理チーム等との社内連携体制の構築 ・インシデントへの迅速な対応 ・実際にサイバー攻撃を受けたときの縮退運転機能の明確化 ・アップデートやパッチの配布方法・脆弱性情報の公開基準についての定義

出所：企業リスク第57号「IoT時代のセキュリティ管理」（デロイト トーマツ サイバーセキュリティ先端研究所）

4 IoTセキュリティにかかわる政策動向

●**米国国土安全保障省が発行したIoTに関する戦略的文書**

2016年11月に国土安全保障省（DHS）[注22]は、米国でこれまで推進されてきた医療セクターFDAガイダンス等を紹介しながら、「Strategic Principles for Securing the Internet of Things (IoT)」を公表しました[注23]。この中では、次のような戦略的原則を挙げています。

- ●設計段階からセキュリティを組み込むこと
- ●脆弱性の管理およびセキュリティアップデートを行うこと
- ●確立されたセキュリティ対策を採用すること
- ●想定される影響に応じ、優先度を付けてセキュリティ対策を行うこと
- ●IoT全体において透明性を促進すること
- ●ネットワーク接続には注意を重ね、慎重に検討すること

強制力はないものの、重要インフラセクターのサイバーセキュリティ主管であるDHSが発行する文書であるため、他のセクターでも原則に準じた取り組みを加速させることになると思われます。

また、2017年8月、米国の上院でIoT機器のサイバーセキュリティ向上に向けた法案「Internet of Things Cybersecurity Improvement Act of 2017」（IoTサイバーセキュリティ改善法）が提出されました[注24]。米国政府機関が調達するIoT機器に対して、最低限のサイバーセキュリティ基準を定めるという主旨ではありますが、サプライチェーンリスクマネジ

注22　United States Department of Homeland Security.

注23　出所：「Strategic Principles for Securing the Internet of Things (IoT)」(DHS)　https://www.dhs.gov/sites/default/files/publications/Strategic_Principles_for_Securing_the_Internet_of_Things-2016-1115-FINAL....pdf

注24　https://ja.scribd.com/document/355269230/Internet-of-Things-Cybersecurity-Improvement-Act-of-2017 を参照。

メントの文脈で進められています。基準の一部を次に紹介します。

- IoT機器のベンダは、卸す機器のハードウェア、ソフトウェア、ファームウェアに既知の脆弱性がないことを証明する書類を添付すること。また、ハードコード[注25]のパスワードの使用を禁止
- ベンダによるソフトウェア、ファームウェアの更新機能を具備し、新たな脆弱性が発見された場合には速やかに解消させる義務を負うこと。なお、アップデートのために発生する通信は暗号化し適切に認証させ、信用できるものとすること

ハードウェアリソースの乏しいIoT機器（単機能、小メモリ、低処理能力等）に対しては例外を定めており、上記要件と同様の要件である民間のセキュリティ標準の証跡を提出、もしくは組織が定めたセキュリティ評価基準を満たしている証跡の提出でも構わないとしています。

同法案が可決されれば、米国の重要インフラセクターや、EU諸国への波及も予想され、また日本から輸出するIoT機器にも影響を与えるようになります。IoT機器個々に組織が定めた独自の基準で証跡を提出するには、検査にも費用と時間がかかるので、これを機に第三者認証・検証の普及に向けた動きが活発化する可能性があります。

● IoT機器の第三者セキュリティ認証の動き

IoT機器を対象とした第三者認証としては、2016年2月に発行された「Cybersecurity National Action Plan」（サイバーセキュリティ国家行動計画）にて、DHSがIoT環境下でつながる機器を試験・認証するためのサイバーセキュリティ保証プログラムの開発において、民間の第三者検証機関であるUL社や産業界と協力をしているとの記述があり、政府が

注25　ソフトウェア開発の際に、特定のパスワードで動作させることに決めて、パスワード自体をプログラムに埋め込んでしまい、変更のきかない状態にすること。

世界のIoTセキュリティ政策はどうなっているか：日米欧の最新動向

IoT機器の第三者認証を準備していることが確認できます[注26]。

UL社は2015年より「Cyber Assurance Program」というサイバーセキュリティ認証プログラムを開発しており、2017年11月時点では、下記に示すプログラムを保有しています。2017年7月にはUL2900-1が、2017年9月にはUL2900-2-1がANSI（米国規格協会）規格となっていますが、今後、ISOやIEC[注27]において標準化といった発展も考えられます。IoT機器のセキュリティガイドラインにおけるデファクトスタンダード（事実上の標準）になっていくかもしれません。

- UL 2900-1：General Requirements for Connectable Devices（ネットワーク接続製品およびシステム）
- UL 2900-2-1：Healthcare Devices & Systems（ヘルスケアシステム）
- UL 2900-2-2：Industrial Control Systems（産業用制御システム）
- UL 2900-2-3：Particular Requirements for Security and Life Safety Signaling Systems（セキュリティ・ライフセーフティシグナリングシステム）

4章1節の冒頭で紹介したように、2018年9月にはカリフォルニア州でインターネットにつながる機器のセキュリティ強化を目的とした法案「Senate Bill No.327」[注28]が成立し、2020年に施行されることとなりました。同法案では、機器メーカーが機器に共通の初期パスワードを設定することを禁じ、機器ごとに異なる初期パスワードを設定するか、利用者による独自のパスワードの設定を義務づけています。今後、他の州も同

注26　出所：「FACT SHEET: Cybersecurity National Action Plan」(WHITE HOUSE)　https://obamawhitehouse.archives.gov/the-press-office/2016/02/09/fact-sheet-cybersecurity-national-action-plan

注27　ISOとはInternational Organization for Standardizationの略で、国際標準化機構の意。IECとはInternational Electrotechnical Commissionの略で、国際電気標準会議の意。

注28　法案の内容は https://leginfo.legislature.ca.gov/faces/billTextClient.xhtml?bill_id=201720180SB327 を参照。

様または類似する法案を提出する可能性もあり、共通の初期パスワードを設定する機器は、今後、流通できなくなるかもしれません。

4.2 EUのIoTセキュリティ対策

ここでは、28の加盟国で構成されるEU（欧州連合）[注29]でのサイバーセキュリティ政策の取り組みを概説します。

●情報戦略「欧州デジタルアジェンダ」

2010年に今後10年間のEU経済戦略を「Europe 2020」[注30]としてまとめ、同戦略では雇用、技術研究開発（R&D）、環境、教育、貧困に関する目標を定義しています。その実現手段としての最重要イニシアチブとして、「Smart growth（賢明な成長）」「Sustainable growth（持続可能な成長）」「Inclusive growth（包括的成長）」を定めています[注31]。なお「Smart growth」の中では、デジタル社会の到来に向けた情報化戦略として「欧州デジタルアジェンダ（A Digital Agenda for Europe）」[注32]を定め、次のような7つの優先課題を挙げています。

注29 EUの意志決定機関には、欧州理事会、欧州連合理事会、欧州議会、欧州委員会などがあるが、それぞれの機能の説明は本書の目的を鑑み省略している。必要に応じて以下、総務省の文書などを参照。http://www.soumu.go.jp/g-ict/international_organization/eu/pdf/eu.pdf

注30 出所：「Europe 2020 strategy」(European Commission) https://ec.europa.eu/info/business-economy-euro/economic-and-fiscal-policy-coordination/eu-economic-governance-monitoring-prevention-correction/european-semester/framework/europe-2020-strategy_en

注31 出所：「Flagship Initiatives of Europe 2020」(Eurostat) http://ec.europa.eu/eurostat/web/europe-2020-indicators/flagship-initiatives-of-europe2020

注32 出所：「A Digital Agenda for Europe」(European Commission) http://eur-lex.europa.eu/legal-content/EN/TXT/PDF/?uri=CELEX:52010DC0245&from=EN

欧州デジタルアジェンダ（A Digital Agenda for Europe）

①デジタル単一市場の創出
②域内共通のICT標準の設置と相互運用の改善
③インターネットの信頼性と安全の向上
④高速・超高速インターネット接続の拡大
⑤最先端研究や技術開発への投資拡大
⑥市民のデジタルリテラシーや社会的包摂の促進
⑦気候変動や高齢化等の社会問題に対するICTの運用

このアジェンダの「③インターネットの信頼性と安全の向上」に、サイバーセキュリティに関するアクションが提示されています。近年におけるEUのサイバーセキュリティ政策は、原則的にこのアジェンダを踏襲する形で実行されています。

● EUのサイバーセキュリティ政策とプライバシー保護

本項では、EUのサイバーセキュリティ政策について、まずはEU全体のサイバーセキュリティ政策を象徴する「EUサイバーセキュリティ戦略」、および戦略の中で加盟国に最低限のサイバーセキュリティ向上を義務づけた「NIS指令」について概説します。

アジェンダの筆頭に挙げられている「①デジタル単一市場の創出」は、2015年に「デジタル単一市場戦略」としてまとめられ、プライバシー保護については同戦略に基づき制定された、「一般データ保護規則（GDPR）」の適用が2018年5月に開始されたのは記憶に新しいところです。本項では、併せてGDPRについても紹介します。

なお、EUの法制度は、規則、指令、決定、勧告・意見という分類があり、それぞれ位置づけが異なっています。表4-2-1は、EU法における分類をまとめたものです。

表4-2-1 ● EU法の分類

分類	内容
規則 (Regulation)	すべての加盟国を拘束し、直接適用性（採択されると加盟国内の批准手続を経ずに、そのまま国内法体系の一部となる）を有する。
指令（命令） (Directive)	指令の中で命じられた結果についてのみ、加盟国を拘束し、それを達成するための手段と方法は加盟国に任される。指令の国内法制化は、既存の法律がない場合には、新たに国内法を制定、追加、修正することでなされる。一方、加盟国の法の範囲内で、指令内容を達成できる場合には、措置を執る必要はない。加盟国の既存の法体系に適合した法制定が可能になる反面、規則に比べて履行確保が複雑・困難になる。
決定 (Decision)	特定の加盟国、企業、個人に対象を限定し、限定された対象に対しては直接に効力を有する。一般的法規というよりは、個別的かつ具体的内容を有する。
勧告・意見 (Recommendation / Opinion)	EU理事会および欧州議会が行う見解表明で、通常は欧州委員会（EC）が原案を提案するもので、規則・指令（命令）・決定と異なり、法的拘束力を持たない。

出所：http://www.soumu.go.jp/g-ict/international_organization/eu/pdf/eu.pdf

1 EUサイバーセキュリティ戦略とNIS指令

● EUサイバーセキュリティ戦略

　2013年2月7日、すべての人々の利益のため、最大限の自由と安全を提供し、オンライン環境を保護することを目的に、欧州委員会（EC：Europian Commission）はサイバーセキュリティ戦略を公表しました[注33]。同戦略はEUにおけるネットワークと情報セキュリティ（NIS：Network and Information Security）関連の実行計画を定めた「アクション」と、法案に相当する「指令案」の2本立てで構成されています。

注33　出所：「EU Cybersecurity plan to protect open internet and online freedom and opportunity」
　　　（ENISA）　http://europa.eu/rapid/press-release_IP-13-94_en.pdf

NISアクションプラン

①サイバーレジリエンス（復旧）の達成
②サイバー犯罪の劇的な減少
③サイバー防衛政策の推進、および共通のセキュリティ防衛政策の実現
④サイバーセキュリティ関連の産業資源・技術資源の発展
⑤EUの中心的な価値を推進する包括的なサイバー空間政策の確立

NIS指令案

①加盟各国にはネットワーク・情報セキュリティ戦略の採択を義務づけ、ネットワーク・情報セキュリティ関連のリスクやインシデントに対応する機関を設立し、適切な資金や人材を割り当てる。
②加盟各国と欧州委員会の間で、ネットワーク・情報セキュリティ関連のリスクとインシデントの早期警告を共有するシステムを構築する。
③基幹インフラ事業者（金融、運輸、電力、保険・衛生）、情報サービス事業者（アプリストア、電子商取引プラットフォーム、オンライン決済、クラウドコンピューティング、検索エンジン、ソーシャル・ネットワーク）、ならびに行政機関に対して、リスク管理慣行の採用と中核サービスのセキュリティ・インシデントに関する報告を義務づける。

● ネットワークと情報システムのセキュリティに関する指令（NIS指令）

　EUサイバーセキュリティ戦略による加盟国への指令案は、その後、2014年3月に欧州議会で可決されました。2015年3月より指令発効に向けて欧州連合理事会と欧州議会で協議を開始し、2015年12月15日に欧州委員会、欧州議会、欧州連合理事会の3者間で合意されました。

　最終的に2016年7月6日に欧州議会と欧州連合理事会で、「NIS指令」として採択され、8月にはEU加盟国に適用される法律として発効されて

います注34。NIS指令は、加盟国に具体的な行動を求め、指令案を踏襲したものとなっていますが、次の通り整理されました。

> **EUサイバーセキュリティ戦略による加盟国へのNIS指令の主な内容**
>
> ①加盟国のNIS（ネットワークと情報セキュリティ）機関やCSIRT等を通じたサイバーセキュリティ能力の向上
> ②加盟国間の戦略的協力と情報交換体制の整備
> ③経済や社会において重要な基幹インフラ事業者（エネルギー、交通、金融、医療等）、および検索エンジン、クラウドコンピューティング、電子商取引に該当するデジタルサービス提供者（DSP）に適切なセキュリティ対策を実施させ、サービスに重大な影響を与えるインシデントの報告を義務づけ

　NIS指令により、加盟国ごとに国家サイバーセキュリティ戦略を策定し、指令の適用状況を監視するための所管組織を設立します。また国家としてのCSIRTを組成したうえで、EU全体をカバーする加盟国間のCSIRTネットワークを構築することになります。

　デジタルサービス提供者（DSP：Digital Service Provider）については、EU域内に本社を構えるDSPのみならず、域外から域内にサービスを提供するDSPも監視の対象となります。なお、DSPの対象範囲としてストリーミング、オンラインゲーム、SNS等は指令を最終化する議論の途中で対象から除外され、検索エンジン、クラウドコンピューティング、電子商取引のみが対象となっています注35（図4-2-1）。

注34　出所：「The Directive on security of network and information systems (NIS Directive)」(European Commission)　https://ec.europa.eu/digital-single-market/en/network-and-information-security-nis-directive

注35　出所：「The New EU Cybersecurity Directive:What Impact on Digital Service Providers?」(Jones Day)　http://www.jonesday.com/the-new-eu-cybersecurity-directive-what-impact-on-digital-service-providers-08-24-2016/

世界のIoTセキュリティ政策はどうなっているか：日米欧の最新動向

図4-2-1 ● NIS指令の対象となるOES（重要設備オペレータ）とDSP（デジタルサービス提供者）

NIS：Network and Information Security
DSP：Degital Service Providers　OES：Operators of Essential Service
出所：「Implementing The NIS Directive」（ENISA）　https://www.enisa.europa.eu/about-enisa/structure-organization/national-liaison-office/meetings/june-2016/nis-directive-nlo-meeting.pdf
筆者にて和訳

● NIS指令に基づいた加盟国のサイバーセキュリティ法の改正

　NIS指令に基づき、加盟国は2018年5月10日までに既存のサイバーセキュリティ関連法案を改正し（既存の関連法令がない場合は新設）、また法令違反についての罰則は、加盟国が個別に定めることとなりました。

　2017年8月、英国ではNIS指令を受けて、電力、輸送、水道、エネルギー、医療等の基幹サービス提供事業者が、サイバー攻撃に対する十分な対策を打たないままサイバー攻撃の被害に遭った場合、最大1,700万ポ

ンド（約24億6,500万円）の罰金を科す法案が提出され、2018年1月28日にサイバーセキュリティ法として施行されました[注36]。

2 NIS指令に続くIoTセキュリティ政策

●欧州ネットワーク情報セキュリティ庁（ENISA）[注37]による啓発

　2017年9月、欧州委員会はNIS指令に基づく政策として、EUサイバーセキュリティ認証フレームワーク（Cybersecurity Actとも呼ばれる）を策定することを公表しました。これは法規制ではなく自主的な枠組みとして制定し、現在のEUにおけるサイバーセキュリティ機関であるENISAが、各国の適合性評価機関の監督を担います。ただし、ENISAが直接的な認証の監督機関になるわけではなく、各国の適合性評価機関が監督を担います。また、ENISAの人員を約1.5倍、予算を約2倍に拡大させることを承認しました[注38]。

　そして、ENISAは2017年11月20日にIoTセキュリティに関する一般的な課題を抽出したうえで、課題解決のための考え方やツールおよびベストプラクティスを紹介するガイド「IoTのベースラインセキュリティの推奨事項」を公表しています[注39]。

　このガイドは、セキュリティ上の課題、IoT資産の分類、脅威とリスクの分類、攻撃シナリオ、セキュリティ対策等について言及したうえで、

注36　出所：「Government acts to protect essential services from cyber attack」（UK Government）https://www.gov.uk/government/news/government-acts-to-protect-essential-services-from-cyber-attack

注37　European Network and Information Security Agency、欧州ネットワーク情報セキュリティ庁。EUの市場機能を円滑に機能させるために、ネットワークと情報セキュリティの文化発展に寄与することを目的に、EUの専門機関として2004年に設立。

注38　出所：「State of the Union 2017 - Cybersecurity : Commission scales up EU's response to cyber-attacks」（European Commission）　http://europa.eu/rapid/press-release_IP-17-3193_en.htm

注39　出所：「Baseline Security Recommendations for IoT」（ENISA）　https://www.enisa.europa.eu/publications/baseline-security-recommendations-for-iot/at_download/fullReport

次の7点について提言しています。

「IoTのベースラインセキュリティの推奨事項」における提言

① IoTセキュリティへの取り組みおよび規制の調和・調整
② IoTセキュリティの必要性の普及啓発
③ IoT向けのセキュアなソフトウェア/ハードウェアの開発ライフサイクルに関するガイドラインの策定
④ IoTエコシステムの相互運用性に関するコンセンサスの確立
⑤ IoTセキュリティを促進するための経済的・経営的インセンティブの提供
⑥ セキュアなIoT製品/サービスのライフサイクルマネジメントの確立
⑦ IoT関係者の責任分界の明確化

　EUにおいても、IoT機器は認証制度を活用することで、サプライチェーン全体でセキュリティの維持・向上を図るものと思われます。2018年6月8日には「Cybersecurity Act」(サイバーセキュリティ法)が欧州委員会で採択されたので、議論が加速することでしょう[注40]。

●欧州サイバーセキュリティ認証「ECSC」

　ENISAの取り組みとは別に、欧州委員会は、配下にあるEuropean Cybersecurity Councilのもと、欧州サイバーセキュリティ機構(ECSO：European Cyber Security Organisation)と官民契約的提携(cPPP：contractual Public-Private Partnership)を2016年7月に締結し、欧州サイバーセキュリティ認証(ECSC：European Cyber Security Certification)

注40　出所:「EU to create a common cybersecurity certification framework and beef up its agency – Council agrees its position」(European Commission)　http://www.consilium.europa.eu/en/press/press-releases/2018/06/08/eu-to-create-a-common-cybersecurity-certification-framework-and-beef-up-its-agency-council-agrees-its-position/

プログラムの検討を進めています。2017年12月には、その検討過程の途中成果として、認証プログラムの概念的スキーム（Meta-Scheme）[注41]が公開されました。

ECSOは2016年6月に、欧州研究開発プログラム「Horizon 2020」より活動資金を得て発足したものであり、ECはこの提携に2017年〜2020年の4年間で4,500万ユーロ（約58億円）の予算を割り当てています[注42]。この概念的スキーム文書では、次の9つの目的を掲げて、透明性が高く消費者にわかりやすいプログラムとすることを目指しています。

**欧州サイバーセキュリティ認証（ECSC）の
概念的スキーム（Meta-Scheme）の目的**

①脅威分析とリスク評価をセキュリティ要件決めの源泉とする
②リスク評価には利用者の参加を必要とし、責任ある評価にはサプライチェーンの考慮も必要とする
③セキュアでない製品を極力出さないために、最低限のベースライン要件を定義する
④認証取得に係る製造者の負担は最低限にする
⑤セキュリティ評価と認証は、最新の攻撃に対するセキュリティ強度を確認する
⑥定期的かつ効率的な再評価は未知の脆弱性リスクを減らすための管理プロセスの一部とする
⑦パッチを当てることは、認証の流れでは標準的プロセスと考える
⑧できるだけ既存手法を活用し、市場ごとに異なった評価手法となる

注41　出所：「European Cyber Security Certification (ECSC) - A Meta-Scheme Approach v1.0」（ECSO）、http://www.ecs-org.eu/documents/uploads/european-cyber-security-certification-a-meta-scheme-approach.pdf
注42　出所：「EU CYBERSECURITY PUBLIC-PRIVATE PARTNERSHIP and ECSO」（ECSO）、ENISA-CEN-CSCG Workshop, 19 September 2017, https://www.enisa.europa.eu/events/enisa-cscg-2017/presentations/rebuffi

ことを避ける
⑨Security by DesignとPrivacy by Designは明確に考慮する

　認証レベルはA～Eの5段階とし、評価対象（What to evaluate）と評価手法（How to evaluate）でレベル分けされています。E（Entry）レベルのみ自己評価型とし、それ以上のA～Dレベルは認定評価事業者による第三者評価型となっています。また、特徴としては、まったく新たな認証スキームを作るのではなく、できるだけ欧州圏内で実施されている既存の各種セキュリティ認証が活用されていることです。既存の仕組みをどのように活用するか、概念的スキーム文書の中でいくつか例示されていますが、具体的には今後詳細を詰めていくものと思われます。

● 今後の欧州での認証制度

　2017年9月19日のECによる発表[注43]では、IoT製品のセキュリティ品質を示す食品ラベルのようなものを目指すといわれていました。ECSCとENISAの認証フレームワークの関係は現時点では不明ですが、欧州での認証プログラムの検討状況は、欧州でのIoT機器やシステムを販売するうえで、今後も注視していく必要があります。

　2018年5月15日には、英国規格協会（BSI）がIoT機器を対象としたセキュア検査制度および「BSI Kitemark」[注44]を開始しています。検査証マークの発行基準としては、品質マネジメントシステムである「ISO9001」および英国政府が2018年3月に発行した「Secure by Design：Improving

---

注43　出所：「State of the Union 2017 - Cybersecurity：Commission scales up EU's response to cyber-attacks」, http://europa.eu/rapid/press-release_IP-17-3193_en.htm

注44　出所：「BSI launches Kitemark for Internet of Things devices」（The British Standards Institution） https://www.bsigroup.com/en-GB/about-bsi/media-centre/press-releases/2018/may/bsi-launches-kitemark-for-internet-of-things-devices/

the cyber security of consumer Internet of Things Report」[注45]に準拠することとしており、試験の過程では脆弱性スキャン等のテストも実施されるものと思われます。将来的に、米国や欧州諸国によるハーモナイゼーション（協調）の布石になるかもしれません。

3 プライバシー保護のためのEU一般データ保護規則（GDPR）

●GDPR適用までの経緯

EU一般データ保護規則（GDPR：General Data Protection Regulation）の前身であるEUデータ保護指令が採択されたのは1995年までさかのぼります。EUデータ保護指令に基づくEU域内における個人データの取り扱いは、各加盟国の国内法で中身が定められていました。そのため、各国により制度が異なり、事業者は国ごとに拘束的企業準則（BCR：Binding Corporate Rules）の認証を取得する必要があるので、各国にまたがるビジネスを展開する企業には大きな負担となっていました。

また、1995年のEUデータ保護指令の施行当時とは個人データを取り巻く環境は大きく変わっており、クラウドコンピューティングに代表される国境を越えたデータ流通の増大、SNS等による個人データ公開の拡大、行動ターゲティング広告やGPS等個人データ収集手段の高度化等の変化に対応するため、2009年から指令の見直しを始め、2012年1月にEUデータ保護指令の改正案が公表されました。

その後、改正案の検討が進む中、欧州デジタルアジェンダにおける「①デジタル単一市場の創出」が、2015年5月に「デジタル単一市場戦略」（A Digital Single Market Strategy for Europe）として16の政策を公表

注45　出所：「Secure by Design: Improving the cyber security of consumer Internet of Things Report」（Department for Digital, Culture, Media and Sport）https://assets.publishing.service.gov.uk/government/uploads/system/uploads/attachment_data/file/686089/Secure_by_Design_Report_.pdf

しました[注46]。同戦略の「デジタルサービスにおける個人情報保護に関するルールの構築」を受けて、GDPRは2016年5月24日に施行され、2018年5月25日から適用されています。

このGDPRにより、EU域内における個人データの統一的な取り扱いができるようになり、またEU域外の企業が規則を順守しやすくなりました。その一方で、違反した事業者に対する制裁金は、違反が深刻なものである場合、事業者の「全世界年間売上高の4％以下または2,000万ユーロ（約25億8,000万円）以下」という、年間の経常利益がすべて消失しかねない金額が定められています。

本書においてはGDPRの詳細な解説は割愛しますが、例えば、事業者は次のような対応が必要となります。

- 顧客データを処理（収集・保管・変更・開示・閲覧・削除等）し、EU域外に移転することを原則禁止
- データ保護オフィサー（DPO）の設置
- 情報漏えいの出所と流出内容について72時間以内の公開および当局への通知義務

● GDPRは米国企業への対抗策である可能性

EUの顧客データを扱う企業は、EU域外でも適用される（域外適用）ため、日本企業においてもGDPRに基づいた対応が必要となる場合があります（表4-2-2）。

GDPRの本来の目的は「EU域内の個人データ保護」ですが、クラウドコンピューティングおよびビッグデータ、そしてIoT化による個人データ収集・分析に対して一定の規制をかけることで、非関税障壁にもなりうると考えられます。

注46　出所：「A Digital Single Market Strategy for Europe」（European Commission）http://eur-lex.europa.eu/legal-content/EN/TXT/PDF/?uri=CELEX：52015DC0192&from=EN

表4-2-2 ● GDPR（一般データ保護規則）の域外適用例

適用例	概要
グループの現地法人がEU域内に設立されている	EU域内の従業員または顧客の個人データを取り扱うグループの現地法人は、GDPRに基づいた個人データの処理が求められる
EU域内で個人データを収集し、日本で処理を行っている	Cookieを含む個人データを収集し日本でデータ処理を行う場合、GDPRにおいて「行動の監視」（Monitoring）に該当すると考えられるため、GDPRに基づいた個人データの処理が求められる
EU域内に業務遂行に必要な機器がある	個人データを保存するサーバなど、業務遂行に必要な機器がEU域内に設置されている場合、GDPRに基づいた個人データの処理が求められる
EU域内へ日本から直接、商品やサービスを提供している	Webサイトを通じて日本から直接、商品・サービスをEU域内の個人に提供している場合、GDPRに基づいた個人データの処理が求められる

出所：「EU一般データ保護規則の概要」（デロイト トーマツ リスクサービス）

　デジタル単一市場戦略の策定経緯として、欧州委員会はデジタル市場を統合することで、年間4,150億ユーロ（約53兆5,400億円）の経済成長および数十万人の雇用を生み出すと試算しています。一方、EU域内にて利用するオンラインサービスの調査結果からは、米国系のサービスが最も利用されていることが判明しています（図4-2-2）。

　米国企業が大きなシェアを占める中、EU加盟国全体でデジタル市場を統合することで、EU域内企業のシェアを拡げる狙いがあり、米国企業への対抗策であると解釈できます。

　今後、IoT化および機械学習や深層学習の利用が進展するにつれ、分析に資する大量のデータを手中に収めることが、事業者における競争優位となりうるでしょう。GDPRは、利用価値のあるEU域内の個人データを、米国を含む他国に対してタダでは渡さない、という意向とも読み取れます。

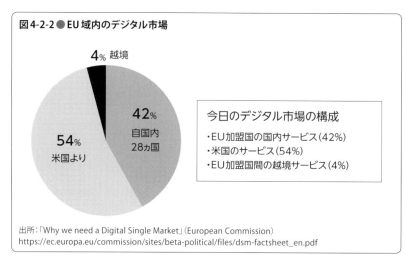

図4-2-2 ● EU域内のデジタル市場

4% 越境
42% 自国内 28ヵ国
54% 米国より

今日のデジタル市場の構成
・EU加盟国の国内サービス（42%）
・米国のサービス（54%）
・EU加盟国間の越境サービス（4%）

出所：「Why we need a Digital Single Market」(European Commission)
https://ec.europa.eu/commission/sites/beta-political/files/dsm-factsheet_en.pdf

4.3　日本のIoTセキュリティ政策

　ここでは日本政府によるサイバーセキュリティ政策について概説し、IoTを対象とした日本政府の取り組みを紹介します。

1　サイバーセキュリティ基本法およびサイバーセキュリティ戦略

●「サイバーセキュリティ基本法」施行までの経緯

　1990年代から急速にインターネットが普及し、利便性が向上するとともに、コンピュータセキュリティの問題も生じています。2000年1月に省庁のWebサイトが改ざんされたことを受け、2000年2月には内閣官房情報セキュリティ対策推進室を設置、その後2005年4月には同室の機能を強化する形で「内閣官房情報セキュリティセンター」（NISC）が設置されました。また、併せて2005年5月には内閣官房長官を議長とする情報セキュリティ政策会議を開始し、2006年からは情報セキュリティ基本計

画、および年次計画を策定しました。情報セキュリティ政策会議が国の情報セキュリティに関する計画を決定し、NISCはその事務局的な機能をもち、国のサイバーセキュリティ政策を推進してきました。

2013年6月にはサイバーセキュリティ戦略を決定し、また2013年12月17日に閣議決定した国家安全保障戦略では、「Ⅲ 我が国を取り巻く安全保障環境と国家安全保障上の課題」にサイバー攻撃リスクを、「Ⅳ 我が国がとるべき国家安全保障上の戦略的アプローチ」には「(5)サイバーセキュリティの強化」が明記されました注47。そして、2020年の東京オリンピック・パラリンピック開催も決定し、サイバーセキュリティ対策に関する国の役割および責任を定める法律を策定することとなり、「サイバーセキュリティ基本法」が2014年11月12日に公布され、2015年1月9日に施行されました。

●2015年に閣議決定されたサイバーセキュリティ戦略

さらに、同法に併せて設置されたサイバーセキュリティ戦略本部が、IT総合戦略本部や国家安全保障会議と連携しながら、サイバーセキュリティ戦略を策定・推進していくこととなりました。NISCも「内閣サイバーセキュリティセンター」(National center of Incident readiness and Strategy for Cybersecurity)に改組しています。

なお、2016年にサイバーセキュリティ基本法は、2015年の日本年金機構がサイバー攻撃を受けたことを受け、不正な通信の監視、監査、原因究明調査等の対象範囲を拡大するために改正しています注48(図4-3-1)。

サイバーセキュリティ基本法に基づき、2015年9月4日にはサイバーセキュリティ戦略が閣議決定されました。同戦略には"IoT"というキー

注47 出所:「国家安全保障戦略」(内閣官房) https://www.cas.go.jp/jp/siryou/131217anzenhoshou/nss-j.pdf および https://www.cas.go.jp/jp/siryou/131217anzenhoshou/pamphlet_jp_en.pdf を参照。

注48 出所:「サイバーセキュリティ基本法及び情報処理の促進に関する法律の一部を改正する法律案の概要」(内閣官房) https://www.cas.go.jp/jp/houan/160202/siryou1.pdf

図4-3-1 ● サイバーセキュリティ基本法の概要（平成28年改正後）

第Ⅰ章. 総則

- **目的（第1条）**
- **定義（第2条）**
  ⇒「サイバーセキュリティ」について定義
- **基本理念（第3条）**
  ⇒ サイバーセキュリティに関する施策の推進にあたっての基本理念について次を規定
  ① 情報の自由な流通の確保を基本として、官民の連携により積極的に対応
  ② 国民1人1人の認識を深め、自発的な対応の促進等、強靱な体制の構築
  ③ 高度情報通信ネットワークの整備及びITの活用による活力ある経済社会の構築
  ④ 国際的な秩序の形成等のために先導的な役割を担い、国際的協調の下に実施
  ⑤ IT基本法の基本理念に配慮して実施
  ⑥ 国民の権利を不当に侵害しないよう留意
- **関係者の責務等（第4条〜第9条）**
  ⇒ 国、地方公共団体、重要社会基盤事業者（重要インフラ事業者）、サイバー関連事業者、教育研究機関等の責務等について規定
- **法制上の措置等（第10条）**
- **行政組織の整備等（第11条）**

第Ⅱ章. サイバーセキュリティ戦略

- **サイバーセキュリティ戦略（第12条）**
  ⇒ 次の事項を規定
  ① サイバーセキュリティに関する施策の基本的な方針
  ② 国の行政機関等におけるサイバーセキュリティの確保
  ③ 重要インフラ事業者等におけるサイバーセキュリティの確保の促進
  ④ その他、必要な事項
  ⇒ その他、総理は、本戦略の案につき閣議決定を求めなければならないこと等を規定

第Ⅲ章. 基本的施策

- **国の行政機関等におけるサイバーセキュリティの確保（第13条）**
- **重要インフラ事業者等におけるサイバーセキュリティの確保の促進（第14条）**
- **民間事業者および教育研究機関等の自発的な取組の促進（第15条）**
- **多様な主体の連携等（第16条）**
- **犯罪の取締り及び被害の拡大の防止（第17条）**
- **我が国の安全に重大な影響を及ぼすおそれのある事象への対応（第18条）**
- **産業の振興および国際競争力の強化（第19条）**
- **研究開発の推進等（第20条）**
- **人材の確保等（第21条）**
- **教育および学習の振興、普及啓発等（第22条）**
- **国際協力の推進等（第23条）**

第Ⅳ章. サイバーセキュリティ戦略本部

- **設置（第24条）**
- **所掌事務等（第25条）**
  ⇒サイバーセキュリティ戦略案の作成、国の行政機関、独立行政法人・指定法人に対する監査・原因究明調査等の実施
- **組織等（第26条〜第29条）**
  ⇒内閣官房長官を本部長として、副本部長（国務大臣）、国家公安委員会委員長、総務大臣、外務大臣、経済産業大臣、防衛大臣、総理が指定する国務大臣、有識者本部員で構成
- **事務の委託（第30条）**
  ⇒独立行政法人・指定法人に対する監査・原因究明調査の事務の一部をIPAその他政令で定める法人に委託（秘密保持義務を規定）
- **資料提供等（第31条〜第36条）**

第Ⅴ章. 罰則

- **罰則（第37条）**
  ⇒戦略本部からの事務の委託を受けた者が秘密保持義務に反した場合。1年以下の懲役又は50万円以下の罰金

出所：「我が国のサイバーセキュリティ政策の概要」（総務省）
http://www.soumu.go.jp/main_content/000463592.pdf

ワードが頻繁に登場し、また施策に「安全なIoTシステムの創出」として、次のことが記載されています[注49]。

- 企画・設計段階からセキュリティの確保を盛り込むSecurity by Design（SBD）の考え方に基づき、安全なIoT（モノのインターネット）システムを活用した事業を振興
- IoTシステムに係る大規模な事業について、サイバーセキュリティ戦略本部による総合調整等により、必要な対策を整合的に実施するための体制等を整備
- エネルギー分野、自動車分野、医療分野等におけるIoTシステムのセキュリティに係る総合的なガイドライン等を整備
- IoTシステムの特徴（長いライフサイクル、処理能力の制限等）、ハードウェア真正性の重要性等を考慮した技術開発・実証事業の実施（図4-3-2）

●新たなサイバーセキュリティ戦略

2018年には、サイバーセキュリティ戦略本部において、次期のサイバーセキュリティ戦略について検討を開始しました。主な検討事項は次の3点となっています。

①サイバー空間の将来像と新たな脅威の予測
②2020年東京オリンピック・パラリンピックとその後を見据えた体制等の整備
③次期戦略において新たに取り組むべき課題の明確化と対策の速やかな実施

その後、2018年7月に新たなサイバーセキュリティ戦略が閣議決定されました。持続的な発展のためのサイバーセキュリティ（サイバーセキュ

注49　出所：「サイバーセキュリティ戦略」（内閣サイバーセキュリティセンター）　https://www.nisc.go.jp/active/kihon/pdf/cs-senryaku-c.pdf

第4章 世界のIoTセキュリティ政策はどうなっているか：日米欧の最新動向

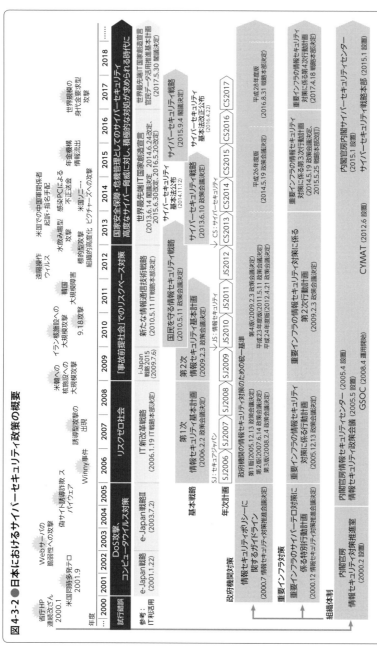

図4-3-2 ● 日本におけるサイバーセキュリティ政策の概要

出所：「次期サイバーセキュリティ戦略の検討について」（内閣サイバーセキュリティセンター） https://www.nisc.go.jp/conference/cs/dai16/pdf/16shiryou01.pdf

4.3 日本のIoTセキュリティ政策

図4-3-3 ● サイバーセキュリティ戦略・サイバーセキュリティ2018の概要

- 新たなサイバーセキュリティ戦略（2018年7月）は、サイバーセキュリティ基本法に基づく2回目の「サイバーセキュリティに関する基本的な計画」。2020年以降の連なりを念頭に、我が国の目指す姿も念頭に、サイバーセキュリティの基本的な立場や目指す方向性を含む今後3年間（2018年～2021年）の諸施策の目標および実施方針を国内外に示すもの
- サイバーセキュリティ2018は、同戦略に基づく初めての年次計画であり、各府省庁はこれに基づき、施策を着実に実施

＜新戦略（2018年戦略）（平成30年7月27日閣議決定）の全体構成＞

1 策定の趣旨・背景

- サイバー空間がもたらす人類が経験したことのないパラダイムシフト（Society 5.0）
- サイバー空間と実空間の一体化の進展に伴う脅威の深刻化、2020年東京大会を見据えた新たな戦略の必要性

2 サイバー空間に係る認識

- 人工知能（AI）、IoTなど科学的知見・技術革新やサービス利用が社会に定着し、人々に豊かさをもたらしている
- 技術・サービスを制御できなくなるおそれは常に内在、重要インフラ、サプライチェーンを狙った攻撃実在により、国家の関与が疑われる事案も含め、多大な経済的な社会的損失が生ずる可能性は指数関数的に拡大

3 本戦略の目的

- 基本的な立場の堅持（基本法の目的、基本的な理念（自由、公正かつ安全なサイバー空間）および基本原則）
- 目指すサイバーセキュリティの基本的な在り方・持続的な発展のためのサイバーセキュリティエコシステム）の推進。3つの観点（①サービス提供者の任務保証、②リスクマネジメント、③参加・連携・協働）からの取り組みを推進

4 目的達成のための施策

経済社会の活力の向上および持続的発展
～新たな価値創出を支えるサイバーセキュリティの推進～

- 新たな価値創出を支えるサイバーセキュリティの推進
- 多様なつながりから価値を生み出すサプライチェーンの実現
- 安全なIoTシステムの構築

国民が安全で安心して暮らせる社会の実現
～国民・社会を守るための任務を保証～

- 国民・社会を守るための取り組み
- 官民一体となった重要インフラの防護
- 政府機関等におけるセキュリティ強化・充実
- 大学等における安全・安心な教育・研究環境の確保
- 2020年東京大会とその後を見据えた取り組み
- 従来の枠を超えた情報共有・連携体制の構築
- 大規模サイバー攻撃事態等への対処態勢の強化

国際社会の平和・安定および我が国の安全保障への寄与
～自由、公正かつ安全なサイバー空間の堅持～

- 自由、公正かつ安全なサイバー空間の堅持
- 我が国の防御力・抑止力・状況把握力の強化
- 国際協力・連携

横断的施策 ●人材育成・確保 ●全員参加による協働 ●研究開発の推進

5 推進体制
内閣サイバーセキュリティセンターを中心に関係機関等の一層の能力強化を図るとともに、同センターが調整・連携の主導的役割を担う

出所：「サイバーセキュリティ戦略・サイバーセキュリティ2018の概要」（内閣サイバーセキュリティセンター）
http://www.nisc.go.jp/active/kihon/pdf/cs-senryaku-cs2018-gaiyou.pdf

企業リスクを避ける 押さえておくべきIoTセキュリティ

リティ・エコシステム）を推進し、①サービス提供者の任務保証、②リスクマネジメント、③参加・連携・協働の3つの観点からの取り組みを推進しています（図4-3-3、115ページ）。

2 IoTセキュリティに関する政策

　2015年に閣議決定したサイバーセキュリティ戦略について、2017年6月に中間レビューが行われ、1年以内に実施すべき加速・強化施策として「2020年に向けた体制整備」「情報共有・連携ネットワーク（仮称）の構築・運用」「ボット撲滅の推進」が挙げられました。

　一方で、総務省はIoTセキュリティ対策を本格化させるために、2017年1月より「サイバーセキュリティタスクフォース」を設置し、中間レビュー結果を取り込む形で検討を重ね、2017年10月3日に「IoTセキュリティ総合対策[注50]」を公表しました。「ボット撲滅の推進」の対策として「脆弱性対策に係る体制の整備」を行うなど、5点の施策分類を定めています（図4-3-4）。

　「脆弱性対策に係る体制の整備」については、IoT機器のライフサイクル全体（設計・製造、販売、設置、運用・保守、利用のフェーズ）を通した対策を検討し、設計・製造および販売段階においては認証マークを付与しています。設置段階ではIoT機器とインターネットの境界上にセキュアゲートウェイを設置する取り組みを、運用・保守段階ではセキュリティ検査の仕組み作りを、利用段階では利用者への意識啓発等を推進しています。

　また2017年12月には、IoT推進コンソーシアムは、すでに公表したIoTセキュリティガイドラインの普及啓発および汎用的なIoT機器のセキュリティ確保策等を検討するため、IoTセキュリティワーキンググループ

注50　出所：「IoTセキュリティ総合対策」（総務省）　http://www.soumu.go.jp/main_content/000510701.pdf

図 4-3-4 ● IoT セキュリティ総合対策の概要

脆弱性対策に係る体制の整備
- IoT 機器の脆弱性についてライフサイクル全体（設計・製造、販売、設置、運用・保守、利用）を見通した対策が必要
- 脆弱性調査の実施等のための体制整備が必要

研究開発の促進
- セキュリティ運用の知見を情報共有し、ニーズに合った研究開発を促進

民間企業等におけるセキュリティ対策の促進
- 民間企業等のサイバーセキュリティに係る投資を促進
- サイバー攻撃の被害およびその拡大防止のための攻撃・脅威情報の共有の促進

人材育成の強化
- 圧倒的にセキュリティ人材が不足する中、実践的サイバー防御演習などを推進

国際連携の推進
- 2国間および多国間の枠組みの中での情報共有やルール作り、人材育成、研究開発を推進

出所：IoT セキュリティウィーク in 沖縄 2017 講演「データ主導社会とサイバーセキュリティ」（総務省　谷脇康彦氏）

の議論を再開しました。このワーキング・グループでは、諸外国の動向や日本の産業界の動向等を踏まえたうえで、ガイドラインの記載内容をIoT 機器へ具体的に実装するための検討を行うこととなっています。同時に、サプライチェーン全体でのセキュリティ確保を目的とした基準、および認証制度も、議論される予定となっています[注51]。

注51　http://www.iotac.jp/wg/security/ を参照。

第5章

セキュリティを確保した IoT機器の開発: 取り巻く現実と課題

脆弱な機器を輸出すると、当該国の規制によって企業生命が失われるほどの大きなリスクを負うことにもなりえます。第5章では、IoT機器を取り巻くセキュリティの現状や課題を概説するとともに、IoT機器の企画設計段階からセキュリティを考慮し、セキュリティ機能を具備していくための取り組み「Security by Design」を実施していくためのポイントについても紹介します。

5.1 セキュリティはIoT実現における課題

データ主導社会（図0-1を参照）を支えるシステムコンポーネントである、IoT機器においてセキュリティが課題となっていることは、これまで紹介してきた様々なトピックから明らかといえるでしょう。実際、世界経済フォーラムがIoT化の課題についてアンケートを取った結果でも、セキュリティが上位に挙がっています（図5-1-1）。

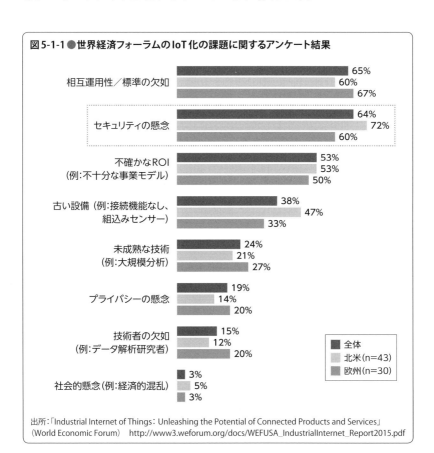

図5-1-1 ● 世界経済フォーラムのIoT化の課題に関するアンケート結果

項目	全体	北米(n=43)	欧州(n=30)
相互運用性／標準の欠如	65%	60%	67%
セキュリティの懸念	64%	72%	60%
不確かなROI（例：不十分な事業モデル）	53%	53%	50%
古い設備（例：接続機能なし、組込みセンサー）	38%	47%	33%
未成熟な技術（例：大規模分析）	24%	21%	27%
プライバシーの懸念	19%	14%	20%
技術者の欠如（例：データ解析研究者）	15%	12%	20%
社会的懸念（例：経済的混乱）	3%	5%	3%

出所：「Industrial Internet of Things: Unleashing the Potential of Connected Products and Services」(World Economic Forum) http://www3.weforum.org/docs/WEFUSA_IndustrialInternet_Report2015.pdf

また、IoTシステムのセキュリティに関しては、単体のIoT機器に脆弱性があって悪用されるといった問題だけではなく、IoTシステムならではの特徴が課題を生み出しています。IPA（独立行政法人情報処理推進機構）が発行する「つながる世界の開発指針第2版」は、それを次のように指摘しています[注1]。

① 想定しないつながりが発生する
② 管理されていないモノもつながる
③ 身体や財産への危害がつながりにより波及する
④ 問題が発生しても利用者にはわかりにくい[注2]

IoTシステムを1つの大きなシステムと捉えると、その中に無数に関わる機器のうち、一番脆弱な機器のレベルが"IoTシステム全体で見たときのセキュリティレベル"となる点に留意する必要があります。また、IoT化によってサイバー・フィジカル、つまり現実世界に直接影響を及ぼす場合があり、悪用されることで犯罪や事故を引き起こすリスクもあります。しかも、消費者向けの機器であれば、攻撃者に乗っ取られたとしても、発覚までに時間がかかってしまいます。

IoT時代においては、異なる分野の機器同士がつながった結果、つながりあったシステムのセキュリティレベルは一番低い分野の水準となる可能性があります。新たな利便性を得るためには相互につながることが必要ですが、連携させた結果、必要なセキュリティ水準を下回ることになり、機器の誤作動や停止が人命やサービスに悪影響を与えてしまうリスクもあります。そこで政府および産業界において、いろいろなモノがつながり合う時代に求められる最低限のセキュリティを模索する必要が生じてきました（図5-1-2）。

注1 出所：「つながる世界の開発指針第2版」（IPA） https://www.ipa.go.jp/files/000060387.pdf
注2 出所ではユーザーであるが本書では原則、利用者として表記を統一する。ただし、海外の情報で明確にConsumerと書かれている場合については「消費者」と記載することとする。

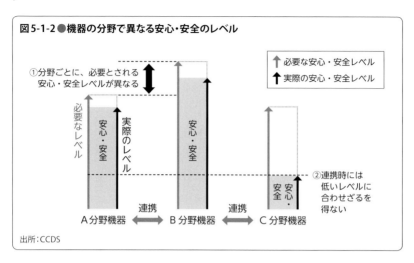

図5-1-2 ●機器の分野で異なる安心・安全のレベル

出所：CCDS

5.2 IoT機器を取り巻く外部環境

　購入したWindows PCにセキュリティパッチを一切当てず、そのままインターネットに接続すると、いったいどのくらい危険な状況になるのでしょうか。SANS[注3] Internet Storm Centerが2008年に実験[注4]したところ、平均4分でマルウェアに感染してしまうことが判明しました。現実には利用環境で異なり、これはあくまで実験という位置づけではありますが、グローバルなインターネット空間では常にサイバー攻撃が発生していることは明らかといえるでしょう。

　さらに現在の状況について説明を加えると、国立研究開発法人情報

注3　SANS Institute：政府や企業・団体間における研究、およびそれらに所属する人々のITセキュリティ教育を目的として、1989年に設立された組織（本部：米国ワシントンD.C.）。

注4　出所：「Survival Time on the Internet」（SANS Internet Storm Center）　https://isc.sans.edu/diary/Survival+Time+on+the+Internet/4721

5.2 IoT機器を取り巻く外部環境

表5-2-1 ● NICTERによるダークネット観測パケット数の統計

年	年間総観測パケット数	観測IPアドレス数	1IPアドレス当たりの年間総観測パケット数
2005	約3.1億	約1.6万	19,066
2006	約8.1億	約10万	17,231
2007	約19.9億	約10万	19,118
2008	約22.9億	約12万	22,710
2009	約35.7億	約12万	36,190
2010	約56.5億	約12万	50,128
2011	約45.4億	約12万	40,654
2012	約77.8億	約19万	53,085
2013	約128.8億	約21万	63,655
2014	約256.6億	約24万	115,323
2015	約545.1億	約28万	213,523
2016	約1,281億	約30万	469,104
2017	約1,504億	約30万	559,125

出所:「NICTER観測レポート2017」(NICT) http://www.nict.go.jp/cyber/report/NICTER_report_2017.pdf

通信研究機構(NICT)がダークネット[注5]を活用したサイバー攻撃観測網(NICTER[注6])では、2017年度に1,504億パケットを受信しています。また、IoT機器が対象となる攻撃パケットは全体の54%に上るとされています[注7]。つまり、インターネットに接続可能なすべてのIoT機器は、常にサイバー攻撃を受けるものだと考えてよいでしょう(表5-2-1)。

注5 ダークネットはIPアドレスのうち、配布されたが実際にはホストが割り当てられていないものをいい、通常パケットの送信先になることはない。ダークネットに到達するパケットはマルウェアやボットネットなどになる活動、つまりサイバー攻撃であると解釈することができる。

注6 Network Incident analysis Center for Tactical Emergency Response の略。

注7 出所:「IoTセキュリティ総合対策」(総務省) http://www.soumu.go.jp/main_content/000510701.pdf

セキュリティを確保したIoT機器の開発：取り巻く現実と課題

5.3 IoT機器がもつ脆弱性

本項では、IoT機器がもつ脆弱性の例について、一般的に公開されている情報をもとに紹介していきます。

1 OWASPによる指摘

OWASP（Open Web Application Security Project）は、2001年に米国で設立された非営利団体であり、主にWebアプリケーションを対象にしたセキュリティガイダンスを提供してきました。特に近年はスマートフォン向けアプリケーション、IoT機器等にも対象を広げています。OWASP内のInternet of Things Projectは、IoTに関わる製造業者や開

表5-3-1 ● OWASP Internet of Things Projectによる主要な成果物

ガイドライン名称	内容
IoT Attack Surface Areas	攻撃対象となりうる領域と、脆弱性の関係
Top 10 IoT Vulnerabilities	IoTにおける代表的な10の脆弱性に関する攻撃手法や攻撃シナリオ例、対策など
Firmware Analysis	ファームウェアの解析に関する情報
IoT Testing Guides	IoTにおける代表的な10の脆弱性に対する、試験実施時のセキュリティ上の考慮事項
IoT Security Guidance	IoTにおける代表的な10の脆弱性に対する、製造者、開発者、消費者（利用者）のセキュリティ上の考慮事項
Principle of IoT Security	IoTセキュリティに関する16項目の原則
IoT Framework Assessment	IoTシステムの構成要素に対する、セキュアなIoTフレームワークとして考慮するべき事項

出所：CSA Japan Summit 2017講演「IoTセキュリティを実現する3つの視点とシフトレフト」
（アスタリスク・リサーチ岡田良太郎氏）

表5-3-2 ● Top 10 IoT Vulnerabilities（IoT脆弱性トップ10）

項番	ガイドライン名称	内容
1	Insecure Web Interface	安全でないWebインタフェース
2	Insufficient Authentication/Authorization	不十分な認証・認可
3	Insecure Network Services	安全でないネットワーク環境
4	Lack of Transport Encryption	転送における暗号化の未実装
5	Privacy Concerns	個人情報の懸念
6	Insecure Cloud Interface	安全でないクラウドインタフェース
7	Insecure Mobile Interface	安全でないモバイルインタフェース
8	Insufficient Security Configurability	セキュリティを十分考慮されていない設定
9	Insecure Software/Firmware	安全でないソフトウェアやファームウェア
10	Poor Physical Security	貧弱な物理セキュリティ

出所：https://www.owasp.org/index.php/Top_IoT_Vulnerabilities（筆者による和訳）

発者、利用者向けのセキュリティ啓発をしており、複数のガイダンスを提供しています（表5-3-1）。

このプロジェクトにて代表的な脆弱性をまとめた「Top 10 IoT Vulnerabilities」は、IPAが発行する「つながる世界の開発指針」等、国内のIoTセキュリティ関連ガイドでも引用されています。本項で紹介する他の調査結果も同じ分類を用いているので、詳細は割愛しますが、IoT脆弱性トップ10について表5-3-2に示しました。

2 Hewlett Packard社による調査

2014年にHewlett Packard社（現Hewlett Packard Enterprise社）がテレビ、Webカメラ、スマートロック等、すでに一定程度普及していると判断されるIoT機器を対象に、自社のセキュリティサービスを用いて脆

弱性があるかを調査したところ、OWASPのTop 10 IoT Vulnerabilities の分類に併せて、次に挙げる脆弱性を報告しました[注8]。

- Privacy Concerns
  消費者の名前、電子メールアドレス、住所、生年月日、クレジットカード情報等の個人情報を収集していた。
- Insufficient authentication and authorization
  パスワードが1234といった簡単に破られるものを使用可能であり、パスワード設定に関するルールがなかった。
- Lack of transport encryption
  IoT機器の通信が暗号化されていなかった。また、モバイルアプリケーションを暗号化せずにクラウド等のインターネット上のシステムと通信していた。
- Insecure web interface
  クロスサイトスクリプティング[注9]やセッション管理[注10]の不備、脆弱な証明書の利用、証明書情報の平文送信といった脆弱性が見つかった。
- Insecure software and firmware
  ファームウェア等をダウンロードする際に暗号化通信をしていなかった。また、一部のIoT機器ではダウンロード中のファームウェアを抽出し、変更することができた。

3 CCDSの事例集

一般社団法人 重要生活機器連携セキュリティ協議会（CCDS）は、セキュリティ研究者や利用者からの指摘で発見された、IoT機器に関係す

注8　出所：「2014 HP Internet of Things Security Study」（Hewlett Packard Company）　http://www.ten-inc.com/presentations/HP-iot.pdf
注9　Webアプリケーションの脆弱性の一種。
注10　クライアントとサーバ間での通信時に通信相手の特定や状態を把握する機能。

表5-3-3 ● 重要生活機器の脅威事例の抜粋（一部）

	事例	対象IoT機器	時期
1	組込み機器へのワームの感染	組込み機器全般	2003年 8月
2	マルウェアによるPOS上のカード情報の流出	POS端末	2013年 8月
3	HDDレコーダーの踏み台化	HDDレコーダー	2004年10月
4	複合機蓄積データの意図せぬ公開	複合機	2013年11月
5	アイロンの中のハッキングチップ	家電	2013年10月
6	ホテルの電子錠の不正な開錠	ビル設備	2012年 9月
7	遠隔イモビライザー（自動車盗難防止システム）機能の不正利用	自動車	2010年 3月
8	タイヤ空気圧モニター（TPMS）の脆弱性	自動車	2010年10月
9	イモビカッター（自動車盗難防止装置を不正解除する器具）による自動車窃盗	自動車	2010年11月
10	スマートキーに対する無線中継攻撃 ※2010年に研究論文、2015年に実被害発生	自動車	2010年 6月 2015年 5月
11	遠隔から車載LANへの侵入実験	自動車	2010年 6月 2015年 7月
12	PC接続による自動車の不正操作	自動車	2013年 9月
13	マルウェアに感染したカーナビの出荷	カーナビ	2007年 1月
14	マルウェアに感染したMP3プレーヤーの配布	家電	2006年 8月
15	心臓ペースメーカー等の不正操作	医療機器	2013年 8月
16	ATMのハッキング	ATM	2014年
17	Samsung製ネットワークビデオレコーダーに複数の脆弱性	家電	2016年 1月
18	Auction Cameraにおけるアクセス制限不備の脆弱性	家電	2015年 9月
19	デジタルビデオレコーダーがパスワード認証をしていない問題	家電	2015年 8月
20	オムロン製PLC およびCX-Programmer に複数の脆弱性	工場制御	2015年10月
21	レーザーで障害物の偽信号を発生し、強制的に車を減速・停止	自動車	2015年 9月
22	自作での自動運転技術を開発	自動車	2015年12月
23	テレビなどの映像・音声処理ソフトに脆弱性 乗っ取りの恐れ	家電	2015年 8月
24	ATMのイーサネット回線をジャック	ATM	2016年 2月
25	電動スケートボードやスライダーのコントロールを奪取	玩具	2015年 4月
26	玩具からの情報漏洩	玩具	2015年11月

出所：CCDS（一般社団法人 重要生活機器連携セキュリティ協議会）
＊事例集の紹介の仕方は1ページ1事例となっている。

セキュリティを確保したIoT機器の開発：取り巻く現実と課題

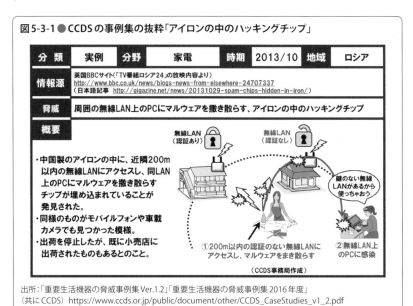

る脆弱性を「重要生活機器の脅威事例集」として発行しています[注11]。個別には事例集を参照いただければと思いますが、表5-3-3の事例名称を見るだけでも多様な機器にセキュリティ脆弱性が内包されていることがわかります（表5-3-3、図5-3-1）。

4　IPAの情報セキュリティ10大脅威

　IPAは、社会的に影響が大きかった情報セキュリティに関係する事案を「10大脅威選考会」にて審議・投票し、年次で「情報セキュリティ10大脅威」として公表しています。2016年度の事案を対象に決定した「情

注11　出所：「重要生活機器の脅威事例集 Ver.1.2」「重要生活機器の脅威事例集 2016年度」（共にCCDS）
https://www.ccds.or.jp/public/document/other/CCDS_CaseStudies_v1_2.pdf
https://www.ccds.or.jp/public/document/other/CCDS_CaseStudies_2016.pdf

表5-3-4 ●情報セキュリティ10大脅威 2018

2017年順位	個人	順位	組織	2017年順位
1位	インターネットバンキングやクレジットカード情報等の不正利用	1位	標的型攻撃による被害	1位
2位	ランサムウェアによる被害	2位	ランサムウェアによる被害	2位
7位	ネット上の誹謗・中傷	3位	ビジネスメール詐欺による被害	ランク外
3位	スマートフォンやスマートフォンアプリを狙った攻撃	4位	脆弱性対策情報の公開に伴う悪用増加	ランク外
4位	Webサービスへの不正ログイン	5位	脅威に対応するためのセキュリティ人材の不足	ランク外
6位	Webサービスからの個人情報の窃取	6位	Webサービスからの個人情報の窃取	3位
8位	情報モラル欠如に伴う犯罪の低年齢化	7位	IoT機器の脆弱性の顕在化	8位
5位	ワンクリック請求等の不当請求	8位	内部不正による情報漏えい	5位
10位	IoT機器の不適切な管理	9位	サービス妨害攻撃によるサービスの停止	4位
ランク外	偽警告によるインターネット詐欺	10位	犯罪のビジネス化（アンダーグラウンドサービス）	9位

ランサムウェア：感染により暗号化・画面ロックされた場合に、身代金を要求するマルウェアの一種。身代金要求型不正プログラムともいわれる。
出所：「情報セキュリティ10大脅威 2018」（IPA）https://www.ipa.go.jp/security/vuln/10threats2018.html

報セキュリティ10大脅威 2017」では、Miraiボットネット等の影響が大きかったためか、初めてIoTに関する事案が「個人」「組織」の双方でランクインしました。

さらに、2018年1月30日に発表した最新の「情報セキュリティ10大脅威 2018」[注12]では、「IoT機器の不適切な管理」が個人の9位、「IoT機器の脆弱性の顕在化」が組織の7位にランクアップしました（表5-3-4）。

注12　出所：「情報セキュリティ10大脅威 2018」（IPA）https://www.ipa.go.jp/security/vuln/10threats2018.html

5.4 IoT機器のセキュリティ対策

　前項では、IoT機器を取り巻く外部環境がサイバー攻撃にさらされていることや、IoT機器の内部に組み込まれているソフトウェアおよびプログラムにも脆弱性が存在することを紹介しました。それを踏まえて、本項ではIoT機器のセキュリティ対策について紹介します。

　皆さんは「セキュリティ対策」と聞いてどのような対策例を思い浮かべるでしょうか。例えば、PCにログインするときのIDとパスワードで識別・認証し、他人が勝手にアクセスできないようにする、あるいはPCにウィルス対策ソフトをインストールする、もしくは通信を暗号化する、といったイメージをもちやすいかもしれません。

　それでは、IoT機器に求められるセキュリティ機能とはどのようなものでしょうか。それはIoT機器の使い方やつながり方によって異なります。例えば、パスワードがあっても、それがハードコードされ、マニュアルにパスワードが掲載されていると、それを悪用されることもあります。ハードコードされているがゆえに利用者がパスワードを変更することもできないというわけです。

　IoT機器の製品開発工程が進み、出荷後に脆弱性に気づいても手遅れとなってしまいます。もしくは、テスト段階で脆弱性を見つけても大きな手戻りになり、コストオーバーの要因になりかねません。IPAによれば[注13]、設計時のセキュリティ対策コストを1とした場合に、開発工程が後続フェーズになるほど、同様の対策を具備するためのコストは上昇し、さらに出荷後の運用段階で問題が発生すると、その対策コストは100倍に膨れ上がるといいます。どのような対策が必要になるかについては、

注13　出所：ET/IoT2016IPA 金子朋子氏講演「セキュリティ・バイ・デザイン入門」 https://www.ipa.go.jp/files/000055823.pdf

製品の開発プロセスの早い段階でセキュリティを考慮し、必要な機能を特定したうえで、設計に組み込む必要があります。

1 Security by Design（セキュリティ・バイ・デザイン）とは？

　Security by Designとは、システムなどの開発において、製品の企画段階からセキュリティ機能について検討し、各工程の中でそれらの機能が確実に実装されていることを確認する一連の取り組みをいいます。NISCはSecurity by Designを不可欠なものとして定めています[注14]。

　Security by Designは、我が国のサイバーセキュリティ戦略等でも明記されており、この用語を聞いたことのある読者も多いのではないでしょうか。IoTセキュリティについて語られる際には欠かせない用語です。しかし、Security by Designは広く一般に使える考え方であり、IoTセキュリティについて語られる以前から存在する取り組みなのです。

●システム発注者側の考えられるセキュリティ要件の限界

　一般に、システム開発プロセスの要求仕様・要件を検討する際、セキュリティ要件は非機能要件に分類されます。しかし、業務処理に必要なデータやユーザーインタフェースのような使い勝手の部分と比べると、非機能要件は本来満たすべき機能がどのようなものであるかについて、要求を出す利用者（発注者）側が理解していないことが多いようです。その結果、要求仕様定義・要件定義フェーズでは利用者から提示されるセキュリティ要件が曖昧になる傾向があります。感覚的な要望として「不正アクセスは困るので対応してください」「個人情報保護法対応はよろしく

注14　出所：「安全なIoTシステムのためのセキュリティに関する一般的枠組」（NISC）https://www.nisc.go.jp/active/kihon/pdf/iot_framework2016.pdf
　　　出所：「非機能要求の見える化と確認の手段を実現する「非機能要求グレード」の公開」（IPA）。IPAでは非機能要件を非機能要求という。https://www.ipa.go.jp/sec/softwareengineering/reports/20100416.html

表5-4-1 ●非機能要求項目の例

非機能要求項目	内容
可用性	継続性、耐障害性、災害対策、回復性
性能・拡張性	業務処理量、性能目標値、リソース拡張性、性能品質保証
運用・保守性	通常運用、保守運用、障害時運用、運用環境、サポート体制、その他の運用管理方針
移行性	移行時期、移行方式、移行対象(機器)、移行対象(データ)、移行計画
セキュリティ	前提条件・制約条件、セキュリティリスク対応、セキュリティリスク管理、アクセス・利用制限、データの秘匿、不正追跡・監視、ネットワーク対策、マルウェア対策、Web対策
環境・エコロジー	システム制約／前提条件、システム特性、適合規格、機材設置環境条件、環境マネジメント

出所:「非機能要求の見える化と確認の手段を実現する『非機能要求グレード』の公開」(IPA)
https://www.ipa.go.jp/sec/softwareengineering/reports/20100416.html

お願いします」といったレベルの要求しか出ないこともあります。しかし不正アクセスとはいっても、直接インターネットから不正アクセスを試すパケットが届かない業務システムにおいては、開発を受託したシステムインテグレータが、不正アクセスの定義すら考えなければならないという状況もありました。そのため、発注者側がセキュリティ要件を考えられるようになる必要があったわけです(表5-4-1)。

2011年にNISCは、政府機関の情報システムの調達仕様にセキュリティ要件を適切に含めるための「情報システムに係る政府調達におけるセキュリティ要件策定マニュアル」注15を策定し、Security by Designを「情報セキュリティを企画・設計段階から確保するための方策」と定義しています。

注15 出所:「「情報システムに係る政府調達におけるセキュリティ要件策定マニュアル」の策定について」(NISC) https://www.nisc.go.jp/active/general/sbd_sakutei.html

●品質管理にSecurity by Designを導入するための手引書

　Security by Designについては、システム開発のライフサイクルをV字型モデルで表し、Vの左側で段階的にセキュリティ機能を組み込み、Vの右側で機能を確認・検証するという、左右が対応関係をもつ品質管理手法も考え方として紹介されています。各フェーズでセキュリティを考慮することにより、セキュリティ機能が定義・設計・実装され、そして検証されます。なお、最近ではVの左側を意識すべきという意味で、「シフトレフト」というスローガン的な呼び方もされています（図5-4-1）。

　IPAが発行する『つながる世界の開発指針』および「『つながる世界の開発指針』の実践に向けた手引き」は、Security by Designをシステム開発のライフサイクルに組み込むための有用なドキュメントです（図5-4-2）。

　特に「つながる世界の開発指針」は、開発者がシステム開発のライフサイクルのフェーズにあわせた検討すべきポイントを簡便にチェックする用途でも活用できます（表5-4-2）。

　CCDSは分野別ガイドラインとして、IoT機器の分野ごとに業界・利用特性を踏まえたガイドを発行しています。「つながる世界の開発指針」がIoT機器全般にわたる指針であったのに対して、本ガイドラインは製品分野ごとに異なる機能や要件に沿ってまとめられています。各分野の

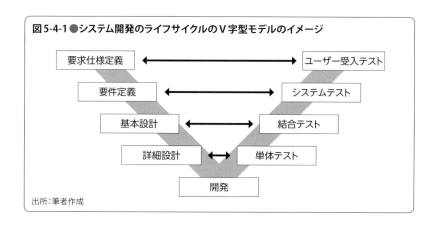

図5-4-1●システム開発のライフサイクルのV字型モデルのイメージ

出所：筆者作成

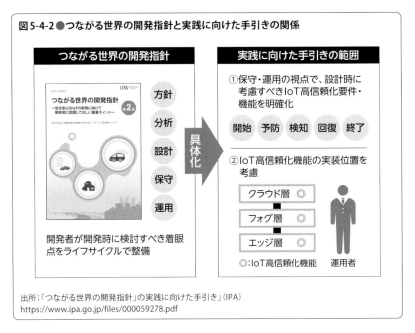

図5-4-2 ●つながる世界の開発指針と実践に向けた手引きの関係

出所:「つながる世界の開発指針」の実践に向けた手引き」(IPA)
https://www.ipa.go.jp/files/000059278.pdf

「製品分野別セキュリティガイドライン」のタイトルのみを次に示します(本ガイドラインは、CCDSホームページよりダウンロード可能)。

- 車載器編　改訂版 Ver.2.0
- IoT-GW編　改訂版 Ver.2.0
- 金融端末(ATM)編 Ver.2.0
- オープンPOS編　改訂版 Ver.2.0
- 別冊「べからず集 車載器編～失敗しないための事例集～」
- 別冊「リスク評価ケーススタディ IoT-GW編」
- 別冊「セキュリティ対策検討実践ガイド金融端末(ATM)編―犯罪事例の分析と対策立案―」

表5-4-2 ● つながる世界の開発指針の概要

大項目	指針	
【方針】 つながる世界の安全安心に企業として取り組む	指針1	安全安心の基本方針を策定する
	指針2	安全安心のための体制・人材を見直す
	指針3	内部不正やミスに備える
【分析】 つながる世界のリスクを認識する	指針4	守るべきものを特定する
	指針5	つながることによるリスクを想定する
	指針6	つながりで波及するリスクを想定する
	指針7	物理的なリスクを認識する
【設計】 守るべきものを守る設計を考える	指針8	個々でも全体でも守れる設計をする
	指針9	つながる相手に迷惑をかけない設計をする
	指針10	安全安心を実現する設計の整合性をとる
	指針11	不特定の相手とつなげられても 安全安心を確保できる設計をする
	指針12	安全安心を実現する設計の検証・評価を行う
【保守】 市場に出た後も守る設計を考える	指針13	自身がどのような状態かを把握し、 記録する機能を設ける
	指針14	時間が経っても安全安心を維持する機能を設ける
【運用】 関係者と一緒に守る	指針15	出荷後もIoTリスクを把握し、情報発信する
	指針16	出荷後の開発事業者に守ってもらいたいことを伝える
	指針17	つながることによるリスクを一般利用者に知ってもらう

出所:「つながる世界の開発指針第2版」(IPA)　https://www.ipa.go.jp/files/000060387.pdf

2　Security by Designを取り込むポイント

● Security by Designを考慮した製品開発プロセスの例

　ここでは、IoT機器の開発ライフサイクルの中に、セキュリティ機能を具備していくための活動を、図5-4-3のように示して概説します。開発プロセスにおいては、共通的なセキュアコーディングガイドラインやテンプレートを組織として準備しておくことも有用です。

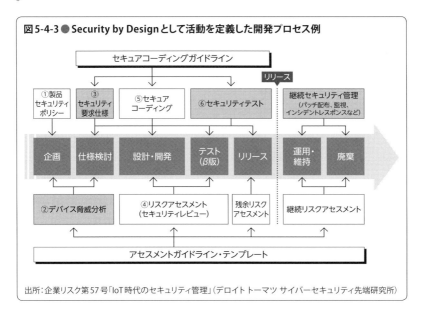

図5-4-3 ● Security by Designとして活動を定義した開発プロセス例

出所:企業リスク第57号「IoT時代のセキュリティ管理」(デロイト トーマツ サイバーセキュリティ先端研究所)

①製品セキュリティポリシー

IoT機器を開発する際に順守しなければならない法制度・規制、その他業界標準等を俯瞰し、仕様検討のインプットとします。

②デバイス脅威分析(IoT機器脅威分析)

システム開発の対象となるIoT機器に搭載されているインタフェースおよび通信プロトコルを踏まえて、サイバー攻撃に悪用される可能性を分析します。なお、IoT機器の開発においては、もともと通信機能をもっていない機器に通信機能を追加して開発するケースも想定されますが、既存のインタフェースの代わりに具備することもあります。その場合は、既存のインタフェースを除去することが望ましいでしょう(表5-4-3)。

③セキュリティ要求仕様定義

IoT機器脅威分析結果を基に、セキュリティの観点で具備することが必要と判断される機能を定義します。セキュリティ要求仕様を導出する、

表5-4-3 ● IoT機器のインタフェース例

インタフェース例		
Bluetooth	イーサネット	GPS
USB	Wi-Fi	ZigBee
SIMカード		

出所：筆者作成

流れのイメージを図5-4-4に例示します。

この例では、将来、自動走行機能を具備する自動車に求められる技術的な仕様を捉え、自動車内部のシステムがどのように変化するかを定義しています。自動車外部と通信するインタフェースを特定し、サイバー攻撃の侵入口（Attack Surface）になるかを検討します。そしてサイバー攻撃が発生すると想定される場合、悪用されるシナリオおよびリスクを導出し、影響度が大きいリスクについて対策要件を導出しています。

④リスクアセスメント

定義したセキュリティ要件が、その背景やコンセプトを含めて後続のフェーズの担当者に適切にインプットされているかを確認します。文字で書き起こしたセキュリティ要件は、要求仕様定義フェーズとは異なる担当者または事業者が読んだ場合に、セキュリティ要件の目的が適切に伝わらないこともあります。発注者側の受け入れテストの段階で当初のセキュリティ要件がズレていることに気づいても、手戻りの時間と工数を捻出することは困難です。

したがって、前フェーズで定めた要求や設計の内容が適切に後続のフェーズの成果物に反映されるよう、後続のフェーズ開始時点でセキュリティ要件について説明する「ナレッジトランスファ」（知識移転）を行います。フェーズ検収チェックリストを用いてレビューし、実装方法を基に迅速に影響を評価する活動が必要です。なお、トレーサビリティ・マトリクス等で、上位プロセスで定義した仕様と設計書等を関連づけて

第5章 セキュリティを確保したIoT機器の開発：取り巻く現実と課題

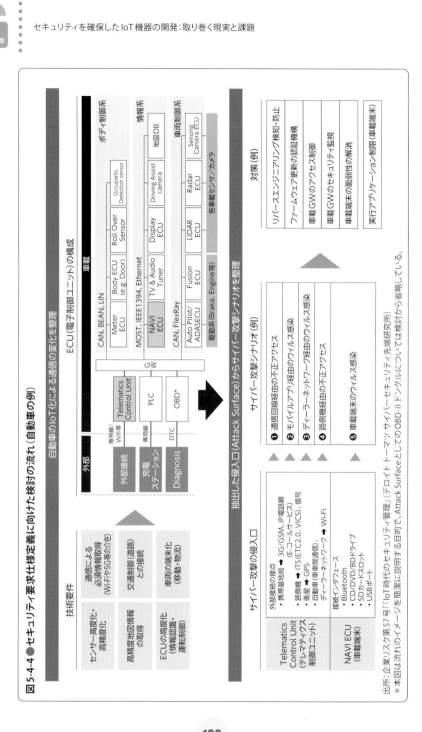

図 5-4-4 ● セキュリティ要求仕様定義に向けた検討の流れ（自動車の例）

出所：企業リスク第57号「「IoT時代のセキュリティ管理」（デロイト トーマツ サイバーセキュリティ先端研究所）
＊本図は流れのイメージを簡潔に説明する目的で、Attack SurfaceとしてのOBD-IIピンからの検討については省略している。

管理することも望ましいといえます注16。

⑤セキュアコーディング

開発フェーズでは、セキュアな開発に努める必要があります。コーディング規約として規定しなければ、開発担当者の力量によりバラつきが出てしまい、脆弱性が残る可能性があります。また、開発担当者がセキュアコーディングの必要性をあまり認識していない場合には、セキュアコーディングのテクニックを保有していない場合があります。したがって、セキュアな開発ができるようにスキル習得をする必要があります（図5-4-5、表5-4-4）。

図5-4-5 ●セキュア開発トレーニング：無線ハッキングツールの例

HackRF	Result

$ hackrf_transfer -r powerswitchSignal43329.raw -f 433930000 -x 20
-> Push the off button on the ELRO outdoor switch
# When the power went off, press CTRL + C in your terminal
$ hackrf_transfer -t powerswitchSignal43329.raw -f 433930000 -x 20

Demo：HackRF + ProxMarkのコンテンツ抜粋（表5-4-4中のカリキュラムを参照）

出所：企業リスク第57号「IoT時代のセキュリティ管理」（デロイト トーマツ サイバーセキュリティ先端研究所）

注16　トレーサビリティ・マトリクスについては以下の日科技連Webサイトの記事なども参考になる。
http://www.juse-sqip.jp/archives/qualityone_01.html

表5-4-4 ● セキュア開発トレーニングのカリキュラム例

Time	Day 1	Day 2	Day 3
9:00 – 10:00	Introductions	Verification of Security Protocols	IoT Security Governance IoT Secure Network Architecture
10:00 – 11:00	Intro IoT Landscape & Use Cases	IoT Protocols: MQTT/JMS, LoRaWAN, ZigBee	Exercise: Secure Network Architecture (With Norms)
11:00 – 12:00	Intro IoT Security & Privacy	Attack Surface Areas	CCTV Hacking Tabletop Exercise
12:00 – 13:00	Lunch	Lunch	Lunch
13:00 – 14:00	Demo: HackRF + ProxMark	Demo: UART (Firmware extraction and analysis)	CCTV Hacking Tabletop Exercise
14:00 – 15:00	IoT Product Development & Deployment	Exercise: Firmware analysis	CCTV Hacking Tabletop Exercise
15:00 – 16:00	Top 10 IoT Vulnerabilities	Hardware hacking breakout	Training Recap
16:00 – 17:00	Exercise: Vulnerability Analysis	Exercise: Firmware analysis	- Extension time -
17:00 – 17:30	Recap & Outlook	Recap & Outlook	

出所：企業リスク第57号「IoT時代のセキュリティ管理」(デロイト トーマツ サイバーセキュリティ先端研究所)

⑥セキュリティテスト

　開発したシステムに機能が適切に具備されているか、テストフェーズで確認します。セキュリティの観点で行うセキュリティテストは、システムの弱点の有無を確認することが目的です。IoT機器の開発現場では、ペネトレーションテスト、ファジングテスト等、機器の仕様およびテストの目的に照らし合わせて、適切なテスト手法を取り入れることが必要です (表5-4-5)。

表 5-4-5 ● IoT 機器のセキュリティテストの分類

分類	説明
ソースコードレビュー	PC向けソフトウェア、組込みソフトウェア、Webアプリケーション等のソースコードの構文解析を行い、作り込んでいる脆弱性をレビューする
ファジングテスト	対象となるプログラムに対し、脆弱性を発現させやすい大量の文字列データなどを送り込み、プログラムの応答を検査する
Webアプリケーション診断	Webアプリケーションに対し、文字列の送信、ページの遷移を確認するなどして、脆弱性を検査する
システムセキュリティ診断	サーバやクライアント、組込み機器、システムを構成するソフトウェアに対して、バージョン確認や既知の脆弱性を突くリクエストを送信することで検査する
ペネトレーションテスト	サーバやネットワークに対して攻撃者が実際に侵入できるかどうかという点に着目して検査する

出所:「脆弱性検査と脆弱性診断に関するレポート」(IPA)

●セキュリティテストで頻繁に検出される脆弱性の例

　実際にIoT機器を対象にセキュリティテストを実施すると、ファジングテストでは検出できない、次に挙げるような脆弱性が多く発見される傾向にあります[注17]。

・デフォルトID・パスワード
　SSHやFTP通信の認証がデフォルトID・パスワードである、Webインタフェース(Webの管理画面)においては、認証不要でアクセスできてしまう。
・パスワードのハードコーディング
　ファームウェア等のプログラムソースコードの中に直接パスワードが書き込まれ、変更することができない。
・不十分な暗号
　通信が平文であるため容易に盗聴・改ざんされてしまう、または利

[注17] 出所：企業リスク第57号「IoTのセキュリティ」(デロイト トーマツ サイバーセキュリティ先端研究所)

用する暗号アルゴリズム自体が危殆化（簡単に復号可能な状態）している。

・ソフトウェアの重大な脆弱性

開発工数の削減を目的にOSS（オープン・ソース・ソフトウェア）等を用いる場合、重大な脆弱性が存在するバージョンを利用してしまう。

● IoTセキュリティ評価・検証ガイドライン

様々なIoT機器・サービスにおいて、必要なセキュリティ要件は異なりますが、統一的な評価手法のフレームワークが求められています。CCDSでは、開発者向けの分野別セキュリティガイドラインに加えて、品質評価者向けの「IoTセキュリティ評価・検証ガイドライン」を発行していま

図5-4-6 ● IoTセキュリティ評価・検証ガイドラインの目次

1. はじめに
 1-1. IoTセキュリティの現状と脅威
 1-2. 検証ガイドラインにおける対象範囲
2. セキュリティ検証プロセス
 2-1. 製品ライフサイクルにおける検証プロセスの位置づけ
3. セキュリティ検証の方針・計画策定
4. 検証設計
 4-1. 製品開発ライフサイクルと関連するセキュリティ対策
 4-2. セキュリティ検証の手法
  4-2-1. 静的検証手法
  4-2-2. 動的検証手法
 4-3. 検証仕様書の策定および検証ツールの選定
 4-4. 検証手順書の策定
 4-5. 検証の準備
5. 検証実行
 5-1. セキュリティ検証の実行
 5-2. 検出されたインシデント情報の管理方法
  5-2-1. インシデントレポートフロー
  5-2-2. セキュリティインシデントレポートの記載項目
  5-2-3. セキュリティインシデントの深刻度基準
 5-3. 報告・検証完了
  5-3-1. 検証の実施状況に関する報告
  5-3-2. 検証の完了報告
6. 検証プロジェクトの総括・フィードバック
7. まとめ
 7-1. 総括

Appendix1　セキュリティ検証ツール一覧
Appendix2　検証仕様書の事例集
Appendix3　リスク分析手法の紹介

出所：「IoTセキュリティ評価・検証ガイドライン」(CCDS)　https://www.ccds.or.jp/public/document/other/guidelines/CCDS_IoTセキュリティ評価検証ガイドライン_rev1.0.pdf

す(図5-4-6)。評価プロセスについて、ソフトウェアテストの国際標準規格である「ISO/IED/IEEE 29119」を参考に検証方針・計画策定、検証設計、検証実行、報告・フィードバックに分けて解説しています。詳細は割愛しますが、IoT機器やサービス開発の中で、また、開発後の品質評価時に活用することで、セキュリティにおける一連の評価が論理的に実施できます。

おわりに

　本書は、IoTセキュリティに関する最新の脅威トピックとして、第1章では社会インフラに関わる事例、第2章ではビジネスに影響する事例、そして、第3章ではAI技術を利用した技術トピックについて紹介しました。第4章では、米国・EU・日本の政策動向を紹介し、第5章において拡がるIoT機器や多様なIoT機器利活用サービスにおけるセキュリティの考え方やポイントを記しました。特に、具体的な製品やサービス開発におけるSecurity by Designの取り入れ方について紹介しました。本書の目的は啓発であることから、読み物としてのボリュームを勘案し、個別の事項に詳細なページを割いていません。読者の皆様においては、興味をもったトピックについては、必要に応じて注釈で案内している文書などを閲覧していただければ幸いです。

　米国およびEUは、IoT時代における主導権をとるために、ボーダレス化が進むデジタルビジネスに対して、サプライチェーン全体を巻き込むことで、エリア内で閉じる保護主義的な施策を推進し、非関税障壁の構築を進展させているようにも見受けられます。一方で、Miraiに代表されるようにIoTセキュリティの脅威がボーダレス化していることから、IoTセキュリティに対する政策進展のスピードに拍車をかけたと思われる政策も数多く出されています。新たな脅威に対して世界全体でのルール形成が必要ですが、ルールを満たさないIoT機器やサービス、そして事業者をセキュリティという聞こえの良い大義名分によりサプライチェーンから排除されること、つまり「つながる世界の中で、つながせない仕組み」が構築されることを懸念します。

　急速なインターネットの拡がりは、まさに世界全体をボーダレス化しましたが、このインターネットの技術仕様の策定は、ラフコンセンサス（Rough Consensus）と ランニングコード（Running Code）という策定ポリシーのもと極めてオープンなIETF（Internet Engineering Task

Force）という組織で策定されています。技術革新はライフスタイルの変化に柔軟に対応するために、最初から詳細な仕様を決めずに、多くの試行を重ねながら詳細をつめていくという策定過程は、まさにIoTセキュリティの必要要件を検討していく手法としてはお手本にすべきでしょう。

　本書では、その対象領域が広く網羅的にまとめることが大変難しいIoTセキュリティについて、あえて特定の分野にスコープを絞らず書き上げてみました。様々な資料を可能な限り網羅することで、読者の皆様が本書を糸口に実際に必要な資料に辿り着けるようにも配慮しました。ぜひ、IoTセキュリティを考えるうえでの参考書物となれば幸いです。また、読者の皆様が所属されている組織において、IoT機器のセキュリティを能動的に取り組む態勢を整えるきっかけを与えることができれば、本書の役割はほぼ達成できたといえます。

　最後になりましたが、本章を担当していただいた、インプレスの威能契氏、伊藤真美氏にはたいへんお世話になりました。また、本書の内容の大半は多くの先人の方々の資料に支えられており、特に、重要生活機器連携セキュリティ協議会の各WGメンバーが策定されたドキュメントや議論が本書のベースになっております。この場をお借りして、感謝の気持を伝えたいと思います。

2018年11月

著者代表　荻野　司

索 引

数字／アルファベット …………………………………… 148
日本語 …………………………………………………… 151

索引

■ 数字
4次元サイバーシティ ……………………… 25
4次元サイバーシティ構想 ………………… 26
7分野の組込みシステム …………………… 2

■ アルファベット

A
A Digital Agenda for Europe ……… 97, 98
Adversarial AI ……………………………… 80
AFL …………………………………………… 77
AFLとangrを組み合わせたDriller ……… 78
AI(Artificial Intelligence) ……………… 66
AI研究の流れ ……………………………… 71
AIの機能概要 ……………………………… 69
AIの定義 …………………………………… 67
AIの発展 …………………………………… 67
AIの歴史 …………………………………… 68
AIを活用したサイバー攻撃 ……………… 78
AIを利用したセキュリティ分野への
　適用検証 ………………………………… 74
American Fuzzy Lop ……………………… 77
angr ………………………………………… 74
Ann Cavoukian博士 …………………… 48, 49
ASUS ……………………………………… 40, 42
Attack Surface ………………………… 137

B
BCR ………………………………………… 107
Black Hat USA …………………………… 74

C
Cayla ……………………………………… 50
CCDS …………………………………… 7, 126
Censys …………………………………… 18

CGC ………………………………………… 74
CIP …………………………………………… 84
CISA ………………………………………… 86
COPPA法 ………………………………… 37, 40
cPPP ……………………………………… 104
CSIRT ……………………………………… 92
CTF(Capture the Flag) ………………… 75
Cyber Assurance Program ……………… 96
Cyber Grand Challenge ………………… 74
Cybersecurity Act ………………… 103, 104
Cybersecurity Best Practices for
　Modern Vehicles ……………………… 48
Cybersecurity National Action Plan … 95

D
DARPA ……………………………………… 74
DDoS ………………………………………… 11
DDoS as a Service ……………………… 15
DDoS攻撃 ……………………………… 11, 13, 14
DHS ………………………………………… 94
Distributed Denial of Service ………… 11
D-Link ……………………………………… 42
Driller ……………………………………… 78
Driller機能とファジングのイメージ …… 79
DSP …………………………………… 101, 102

E
ECSC …………………………………… 104, 105
ECSO ……………………………………… 104
ECU ……………………………………… 138
ENISA …………………………………… 103
Europe 2020 …………………………… 97
EU域内のデジタル市場 ………………… 110
EU経済戦略 ……………………………… 97
EUサイバーセキュリティ戦略 ……… 99, 101

EU サイバーセキュリティ認証
　フレームワーク 103
EU の IoT セキュリティ対策 97
EU のサイバーセキュリティ政策と
　プライバシー保護 98
EU 法の分類 99

F

FCA（Fiat Chrysler Automobiles） 43
FDA 90
Federal Guidance on the Cybersecurity
　Information Sharing Act of 2015 85
Framework for Improving Critical
　Infrastructure Cybersecurity 89
FTC 36
FTC 法 36
FTC レポート記載のセキュリティと
　プライバシーの推奨管理策（概要） 38

G

GDPR 49, 98, 107, 108
GDPR 適用までの経緯 107
GDPR の域外適用例 109
Genesis Toys 50
Genetic Algorithm 75
Globalstar 29
GPS 22

H

Hewlett Packard 社による調査 125
HMI 33
Horizon 2020 105
HTC America 39

I

IEC 96
Internet of Things Project 124
IoT Home Inspector Challenge 37

IoT（Internet of Things） 10
IoT_reaper 20
IoTroop 20
IoTroop/IoT_reaper による
　マルウェア感染 20
IoT 化の課題 120
IoT 化の課題に関するアンケート結果 .. 120
IoT 玩具の販売停止命令 50
IoT 機器がもつ脆弱性 124
IoT 機器脅威分析 136
IoT 機器に関係する脆弱性 126
IoT 機器のインタフェース例 137
IoT 機器の開発 119
IoT 機器のセキュリティガイドライン ... 96
IoT 機器のセキュリティ確保策 116
IoT 機器のセキュリティ
　管理態勢の不備 39
IoT 機器のセキュリティ対策 130
IoT 機器のセキュリティテストの分類 ... 141
IoT 機器の第三者認証 96
IoT 機器のデフォルト ID・パスワードの
　組み合わせ 17
IoT 機器のライフサイクル 116
IoT 機器への対策 7
IoT 機器を取り巻く外部環境 122
IoT サイバーセキュリティ改善法 94
IoT 時代に求められる
　プライバシー管理 48
IoT 時代のデータ分析 66
IoT 推進コンソーシアム 49
IoT 脆弱性トップ 10 125
IoT 製品のセキュリティ品質 106
IoT セキュリティガイドライン ... 7, 49, 116
IoT セキュリティ総合対策 116
IoT セキュリティ総合対策の概要 117
IoT セキュリティトピック ... 5, 9, 35, 65
IoT セキュリティにかかわる政策動向 ... 94
IoT セキュリティの一般的枠組 7

IoT セキュリティ評価・
　検証ガイドライン ………………… 142
IoT セキュリティへの取り組みの検討 …… 2
IoT に対する米国 FTC の取り組み ……… 37
IoT のベースラインセキュリティの
　推奨事項 ………………………… 103, 104
IoT ボットネット ……………… 10, 17, 19
IPA ……………………………… 121, 128
i-Que ……………………………………… 50
ISAC ……………………………………… 86
ISO ………………………………………… 96
ISO9001 ………………………………… 106
ISO/IED/IEEE 29119 …………………… 143
ISP ………………………………………… 11

J

Jeep Cherokee …………………………… 43
Jeep Cherokee の車載システム「UConnect」
　に対するハッキングのイメージ ……… 45
Jeep Cherokee の車載システムの
　ハッキング ……………………………… 43
JR 東日本の
　Suica 利用者データの提供 …………… 52

M

MAYHEM ………………………………… 77
Meta-Scheme …………………………… 105
Mirai ……………………………………… 10
Mirai botnet as a Service ……………… 15
Mirai が使用する ID・パスワードの例 …… 16
Mirai ソースコード ……………… 12, 13
Mirai に感染した IoT 機器 ……………… 12
Mirai の感染手法 ………………………… 17
Mirai ボットネット ……………………… 15

N

NASA ……………………………………… 27
NASA に対するハッキング ……………… 28

NDSS Symposium ……………………… 78
NHTSA …………………………………… 45
NICT ……………………………………… 123
NICTER …………………………………… 123
NICTER による
　ダークネット観測パケット数の統計 … 123
NIS ………………………………………… 99
NISC ……………………………………… 111
NIST ……………………………………… 85
NIST サイバーセキュリティフレームワーク
　……………………………………… 89, 90
NIS アクションプラン ………………… 100
NIS 指令 ……………………… 99, 100, 101, 102
NIS 指令案 ……………………………… 100
NIS 指令に続く IoT セキュリティ政策 … 103

O

OES ……………………………………… 102
OMB ……………………………………… 88
OSINT …………………………………… 80
OT（Operational Technology） ………… 88
OWASP ………………………………… 124

P

PIA ………………………………… 57, 59
Privacy by Design ………… 48, 49, 58, 61
Privacy by Design のポイント ………… 57

S

SANS …………………………………… 122
Satori …………………………………… 21
Secrity by Design ……………………… 58
Security and Privacy in
　Your Car Act of 2015 ……………… 47
Security by Design ……… 21, 113, 131, 136
Security by Design を考慮した
　製品開発プロセスの例 ……………… 135

Security by Design を
　取り込むポイント ································ 135
Senate Bill No.327 ····································· 96
SHODAN ··· 18
SOC ·· 88
SPY Car Act of 2015 ································ 46
Stuxnet ·· 33
Stuxnet の攻撃の流れ ································ 34
Suica に関するデータの社外への
　提供に関する有識者会議 ················· 53

T
Telnet サービス ·· 17
Top 10 IoT Vulnerabilities ················ 125
TRENDnet ··· 39
Turla ··· 29

U
UL 2900-1 ··· 96
UL 2900-2-1 ·· 96
UL 2900-2-2 ·· 96
UL 2900-2-3 ·· 96
UL 社 ·· 95

V
VTech ··· 39
VTech の個人情報の漏えい件数 ·············· 41
V 字型モデル ··· 133

■ 日本語

あ
アイ・キュー ··· 50
アイロンの中のハッキングチップ ········· 128
新たなサイバーセキュリティ戦略 ········· 113
アン・カブキアン博士 ····························· 48
安心・安全のレベル ······························ 122

い
一般社団法人 重要生活機器
　連携セキュリティ協議会 ············ 7, 126
一般データ保護規則 ············ 49, 98, 107
一般データ保護規則の域外適用例 ······ 109
遺伝的アルゴリズム ································ 75
遺伝的アルゴリズムによる
　シミュレーションイメージ ················ 76
遺伝的アルゴリズムのステップ ············· 76
イランのウラン濃縮施設への攻撃 ········· 33
医療機器に対する
　FDA サイバーセキュリティ規制 ········ 93
医療セクターにおける
　セキュリティへの取り組みの例 ········· 90
インシデント ··· 92

う
宇宙×ICT に関する懇談会報告書 ········· 25
宇宙産業 ··· 23
宇宙産業ビジョン 2030 ················ 23, 24

え
衛星通信のジャックの仕組み ················ 30
衛星のサイバー攻撃事例 ······················· 25
エッジ機器 ·· 88

お
欧州研究開発プログラム ····················· 105
欧州サイバーセキュリティ機構 ··········· 104
欧州サイバーセキュリティ認証 ····· 104, 105

索引

欧州デジタルアジェンダ 97, 98
欧州ネットワーク情報セキュリティ庁 103
オープンソースインテリジェンスを
　活用した脅威 80

か

概念的スキーム 105
開発プロセス例 136
回復力 88
カイラ 50
加盟国のサイバーセキュリティ法の
　改正 102
官民契約的提携 104

き

機械学習 68, 72
機械学習および深層学習の概要 73
危殆化 142
機微度 57, 60
教師データ 81

く

組込みシステムの脅威と対策に関する
　セキュリティ技術マップの調査報告書 ... 2
グローバルIPアドレス 17
グローバルスター 29

こ

拘束的企業準則 107
国土安全保障省 94
国家の関与が疑われるサイバー攻撃 32
コマンドインジェクション 40

さ

サイバー空間の国際戦略 32
サイバー攻撃観測網 123
サイバー攻撃のリスク 27
サイバーセキュリティ2018 115

サイバーセキュリティ・エコシステム 113
サイバーセキュリティ基本法 110
サイバーセキュリティ基本法の概要 112
サイバーセキュリティ強化に関する
　大統領令 87
サイバーセキュリティ国家行動計画 95
サイバーセキュリティ情報共有の
　促進に関する大統領令13691号 85
サイバーセキュリティ情報共有法 85
サイバーセキュリティ戦略 110, 111, 115
サイバーセキュリティタスクフォース ... 116
サイバーセキュリティ認証プログラム ... 96
サイバーセキュリティの
　情報共有分析組織 86
サイバーセキュリティフレームワーク ... 85
サイバーセキュリティ法 104
サトリ 21
サプライチェーンリスクマネジメント ... 89

し

シーサート 92
ジープチェロキー 44
システム開発のライフサイクルの
　V字型モデル 133
児童オンライン・プライバシー保護法 ... 37
自動車のIoT化 138
「市販後」の医療機器に必要な対応 92
車載システム「UConnect」の脆弱性 44
重要インフラセクター 84, 94
重要インフラのサイバーセキュリティ
　強化に向けた大統領令13636号 85
重要生活機器の脅威事例 127, 128
重要設備オペレータ 102
商業衛星のマルウェア感染 22, 27
情報システムに係る政府調達における
　セキュリティ要件策定マニュアル 132
情報セキュリティ10大脅威 128
情報セキュリティ10大脅威 2018 129

情報通信研究機構	122
ショダン	18
新規にFDAに許認可を求める 「申請時」に必要な対応	91
人工知能	66
深層学習	68, 72
侵入口	137
シンボリック実行	74, 77, 78

す

スタクスネット	33
スマートウォッチのリスク	51, 52

せ

制御技術	88
脆弱性対策に係る体制の整備	116
脆弱性に関する研究発表	29
脆弱性分析システム	74
脆弱なIoT機器に対する訴訟と社会的な批判	36
製品セキュリティポリシー	136
製品分野別セキュリティガイドライン	134
世界のIoTセキュリティ政策	5, 83
セキュア開発トレーニング	139
セキュア開発トレーニングのカリキュラム例	140
セキュアコーディング	139
セキュリティ脅威	4
セキュリティ強化を目的とした法案	96
セキュリティテスト	140
セキュリティテストで頻繁に検出される脆弱性の例	141
セキュリティ・バイ・デザイン	7, 21, 131
セキュリティ分野へのAIの活用	72
セキュリティ要求仕様定義	136
セキュリティ要求仕様定義に向けた検討の流れ	138
セキュリティ要件	131
セキュリティを取り巻く社会的背景	1
ゼロデイ脆弱性	33
センシス	18
全地球測位システム	22

た

ダークネット	123
第1次AIブーム	70
第2次AIブーム	70
第3次AIブーム	70
第三者検証機関	95
大統領令によるサイバーセキュリティ関連法の整備	85
大統領令によるサイバーセキュリティ強化	87

ち

チャットボット	80

つ

つながる世界の開発指針	133
つながる世界の開発指針第2版	121
つながる世界の開発指針の概要	135

て

ディープラーニング	68
データ主導社会	3, 4, 66
データドリブン	66
データ分析	68
データ分析へのAI活用	66
データ利活用とプライバシー保護におけるステークホルダー	56
敵対的AI	80
デジタルサービス提供者	101, 102
デジタル単一市場戦略	98, 107
デジタルユニバース	3, 66, 67
デバイス脅威分析	136
電子制御ユニット	138

と

- ドイツ電気通信法 ················ 51
- 同意取得 ···························· 63
- トゥーラ ···························· 29
- 特徴量 ······························ 70
- 独立行政法人情報処理推進機構 ······· 121
- トレーサビリティ・マトリックス ······· 91

な

- 内閣サイバーセキュリティセンター ······· 111
- ナレッジトランスファ ············ 137

に

- 日本国内で接続されている
  IoT 機器数 ······················ 19
- 日本におけるIoTセキュリティガイドライン
  の整備状況 ······················· 6
- 日本におけるサイバーセキュリティ政策の
  概要 ···························· 114
- 日本のIoTセキュリティ政策 ········ 110

ね

- ネットワークと情報システムの
  セキュリティに関する指令 ········ 100

は

- パーソナルデータ提供に関する
  許容度合い ··················· 54, 55
- ハードコード ························ 95
- ハッカー向け掲示板での投稿 ········ 13
- ハッキング手法 ····················· 44
- ハッキング用の機械 ················· 31

ひ

- 非機能要求項目の例 ··············· 132
- 非機能要件 ························ 131
- ビッグデータ利活用ビジネス ········· 53
- 品質マネジメントシステム ········ 106

ふ

- ファームウェア ····················· 10
- ファイアウォール ··················· 91
- ファズデータの自動生成・テスト ······ 75
- フィッシングメール ················· 81
- プライバシー影響評価 ··········· 57, 59
- プライバシー規制 ··················· 36
- プライバシーデータの機微度の定義例 ··· 60
- プライバシー・バイ・デザイン ······ 48, 57
- プライバシー保護 ··············· 52, 107
- プライバシー問題を引き起こす
  脅威と取り組み不備の例 ··········· 62
- 分野別ガイドライン ··············· 133

へ

- 米国FTC訴訟事例 ··················· 39
- 米国海洋大気庁（NOAA）に対する
  ハッキング ······················ 28
- 米国行政管理予算局 ················· 88
- 米国航空宇宙局 ····················· 27
- 米国国土安全保障省が発行した
  IoTに関する戦略的文書 ··········· 94
- 米国国家道路交通安全局 ············ 45
- 米国食品医薬品局 ··················· 90
- 米国人工衛星に対するハッキング ····· 27
- 米国における重要インフラセクターごとの
  サイバーセキュリティ所管 ········· 86
- 米国のIoTセキュリティ政策 ········ 84
- 米国防高等研究計画局 ··············· 74
- 米国立標準技術研究所 ··············· 85
- 米国連邦取引委員会 ················· 36

ほ

- ボットネット ··················· 11, 18
- ボットネット対策等に関する報告書 ··· 88

ま

- マシンラーニング ··················· 68

マルウェア……………………………… 10, 122
マルウェアを拡散させるサイバー攻撃 …. 28

み

ミライ…………………………………… 10

む

無線ハッキングツールの例……………… 139

め

メイヘム………………………………… 77

ら

ランサムウェア………………………… 129

り

リコール ………………………… 43, 45, 47
リコールへの対応と莫大な費用損失…… 45
リスクアセスメント…………………… 137
リバースエンジニアリング …………… 78

れ

連邦政府のサイバーセキュリティリスクに
　関する報告書………………………… 87
連邦ネットワークと重要インフラの
　サイバーセキュリティの強化 ……… 87

● 編者プロフィール

一般社団法人 重要生活機器連携セキュリティ協議会

https://www.ccds.or.jp/
IoT 機器や IoT サービスを安全・安心に利用できる環境の実現を目指し、我が国のものづくり産業の発展と新規事業創造、そして国民生活の向上に寄与することを目的として、重要生活機器のセキュリティ技術に関する調査研究、ガイドラインの策定や標準化の検討、および普及啓発を行っている。

[STAFF]

◎ 装丁／本文デザイン　　岡田 章志
◎ 制作　　　　　　　　　吉田 恵美
◎ 校正　　　　　　　　　島川 敏範
◎ 編集　　　　　　　　　威能 契、伊藤 真美

本書のご感想をぜひお寄せください

https://book.impress.co.jp/books/1118101121

読者登録サービス **CLUB impress**
アンケート回答者の中から、抽選で商品券(1万円分)や図書カード(1,000円分)などを毎月プレゼント。当選は賞品の発送をもって代えさせていただきます。

■ 商品に関する問い合わせ先

インプレスブックスのお問い合わせフォームより入力してください。

https://book.impress.co.jp/info/

上記フォームがご利用頂けない場合のメールでの問い合わせ先

info@impress.co.jp

- 本書の内容に関するご質問は、お問い合わせフォーム、メールまたは封書にて書名・ISBN・お名前・電話番号と該当するページや具体的な質問内容、お使いの動作環境などを明記のうえ、お問い合わせください。
- 電話やFAX等でのご質問には対応しておりません。なお、本書の範囲を超える質問に関しましてはお答えできませんのでご了承ください。
- インプレスブックス(https://book.impress.co.jp/)では、本書を含めインプレスの出版物に関するサポート情報などを提供しておりますのでそちらもご覧ください。
- 該当書籍の奥付に記載されている初版発行日から3年が経過した場合、もしくは当該書籍で紹介している製品やサービスについて提供会社によるサポートが終了した場合は、ご質問にお答えしかねる場合があります。

■ 落丁・乱丁本などの問い合わせ先

TEL 03-6837-5016　FAX 03-6837-5023　service@impress.co.jp
(受付時間/ 10:00-12:00、13:00-17:30 土日、祝祭日を除く)

- 古書店で購入されたものについてはお取り替えできません。

■ 書店／販売店の窓口

株式会社インプレス 受注センター　**TEL 048-449-8040　FAX 048-449-8041**
株式会社インプレス 出版営業部　**TEL 03-6837-4635**

企業リスクを避ける 押さえておくべきIoTセキュリティ
～脅威・規制・技術を読み解く！～

2018年12月21日 初版発行

著　者	荻野 司／伊藤 公祐／小野寺 正
編　者	一般社団法人 重要生活機器連携セキュリティ協議会
発行人	小川 亨
編集人	中村 照明
発行所	株式会社インプレス
	〒101-0051　東京都千代田区神田神保町1丁目105番地
ホームページ	https://book.impress.co.jp/

本書は著作権法上の保護を受けています。本書の一部あるいは全部について(ソフトウェア及びプログラムを含む)、株式会社インプレスから文書による許諾を得ずに、いかなる方法においても無断で複写、複製することは禁じられています。

©2018 Tsukasa Ogino, Kosuke Ito, Tadashi Onodera, All rights reserved.
印刷所　日経印刷株式会社
ISBN: 978-4-295-00541-4　C0034
Printed in Japan